Eckhard Eyer

Good Pay im Handwerk

Vom klassischen Lohn zur individuellen Vergütung

Eckhard Eyer

Good Pay im Handwerk

Vom klassischen Lohn zur individuellen Vergütung

Aus Gründen der besseren Lesbarkeit wird auf eine geschlechtliche Differenzierung in den Formulierungen verzichtet. Wir bitten, sämtliche Bezeichnungen (z. B. Handwerker, Unternehmer, Mitarbeiter etc.) im Sinne der Gleichbehandlung für alle Geschlechter zu interpretieren und anzuwenden.

Diese Publikation wurde mit äußerster Sorgfalt bearbeitet, Verfasser und Verlag können für den Inhalt jedoch keine Gewähr übernehmen.

1. Auflage 2020

Lektorat: Achim Sacher, Holzmann Medien | Buchverlag
Herstellung/Satz: Markus Kratofil, Holzmann Medien | Buchverlag
Bildquelle Umschlag: ©wladimir1804 - stock.adobe.com
Bildquelle Inhalt: ©contrastwerkstatt - stock.adobe.com, © NDABCREATIVITY - stock.adobe.com
©Stockfotos-MG - stock.adobe.com, ©Tyler Olson - stock.adobe.com,
©Nadezhda - stock.adobe.com
Druck: Druckerei Steinmeier | Deiningen

ISBN: 978-3-7783-1506-4 | Artikel-Nr.: 1565.01

Vorwort

„Good Pay“ ist auch im Handwerk derzeit in aller Munde und darf in guten Vorstellungsgesprächen nicht fehlen. „Good Pay“ wird dabei nicht selten mit „New Work“, der „Arbeit 4.0“ und der Digitalisierung der Wirtschaft verbunden. Mancher Leser wird sich deshalb beim Titel „Good Pay im Handwerk – vom klassischen Lohn zur individuellen Vergütung“ die Augen gerieben und sich gefragt haben: „Wie passt das zusammen?“

„New Work“ ist ein Konzept der Arbeitsorganisation und -gestaltung, das in den 70er-Jahren vom Österreicher Fritjof Bergmann in den USA entwickelt wurde. Im Zuge der zunehmenden Technisierung und Automatisierung der Arbeitswelt und der immer monotoner und kurzzyklischer werdenden Arbeitsaufgaben der Produktionsmitarbeiter in der Automobilindustrie rund um Detroit hinterfragte er, wie die Arbeit der Zukunft aussehen würde. Bergmann entwickelte das Konzept „New Work“, das forderte, dass die Arbeit der Zukunft motivierend sein solle.

Wir erleben seit der Jahrtausendwende eine immer stärker zunehmende Differenzierung der Gesellschaft. Dieser starken Ausdifferenzierung steht der Trend zu Peergroups und einer Vielzahl von unterschiedlichen kulturellen Szenen mit eigenen Wertvorstellungen gegenüber, was bis hin zu Parallelgesellschaften reicht. Diese Differenzierung zeigt sich auch daran, dass Parteien, Kirchen, Arbeitgeberverbände und Gewerkschaften an Bindungswirkung und Mitgliedern verlieren. Damit einher geht auch eine immer geringere Bindung der Tarifverträge, die eine ordnende und befriedende Funktion haben.

Das freie Verhandeln von Arbeitszeit, Urlaub und Lohn – der „Basar“ – gewinnt an Bedeutung. Die Mitarbeiter begründen ihre Forderungen dabei mit dem für sie relevanten Arbeitsmarkt. Sie verweisen auf die Arbeitsbedingungen und die Vergütung beim Wettbewerb im Handwerk, die den Plattformen im Internet zu entnehmen sind. Handwerksbetriebe sind gut beraten, sich eigene und passgenaue Arbeitsbedingungen und Vergütungssysteme – ihr „Good Pay“ – zu entwickeln. „Good Pay“ wird auf die betriebliche Arbeit und Leistung, die Arbeitszeit und den Arbeitsort ebenso zugeschnitten wie auf die Werte des Betriebs, sein Leitbild, seine Kultur und den Führungsstil. Darüber hinaus soll auch die Art und Weise der Ermittlung der Höhe der Vergütung sowie die optimale Auszahlung geregelt sein.

Das Konzept „Good Pay“ bietet einen Werkzeugkasten, mit dem die betrieblichen Vergütungssysteme auf New Work, aber auch auf bewährte Formen der Arbeitsorganisation passgenau zugeschnitten werden können. Dabei steht „Good Pay" für faire Bezahlung und die Gleichbehandlung aller Mitarbeiter.

Das vorliegende Praxishandbuch beschreibt zunächst den Kontext, den Wertewandel und die Veränderungen des Arbeitsmarktes – vom Arbeitgebermarkt zum Arbeitnehmermarkt –, in dem das Konzept von New Work entstanden ist. Daran anschließend wird die Verbindung zu Good Pay hergestellt. Die daraus resultierenden Herausforderungen für die Unternehmen sowie die Handlungsmöglichkeiten zur Gewinnung und Bindung von Fachkräften werden aufgezeigt.

Good Pay orientiert sich dabei an zwei Eckpunkten: am Beitrag der Mitarbeiter zur Wertschöpfung des Unternehmens und dem damit zusammenhängenden Personalkostenbudget sowie an der Höhe der Vergütung der Wettbewerber am relevanten Arbeitsmarkt. Unter Beachtung dieser beiden Eckpunkte werden die Gestaltungsmöglichkeiten der materiellen und immateriellen Bausteine von Good Pay beschrieben und auch steuerliche und sozialversicherungsrechtliche Aspekte berücksichtigt.

Im Anschluss daran wird an vier Praxisbeispielen ein jeweils in sich geschlossenes Konzept von Good Pay vorgestellt. Der Leser erhält einen praxiserprobten Fahrplan für den Weg zum betrieblich passgenauen Good Pay. Hierzu bietet der Ratgeber Denkanstöße, zahlreiche Tipps und praxisbewährte Checklisten, die die betriebliche Umsetzung von Good Pay und New Work ermöglichen.

Der vorliegende Praxisratgeber zeigt dem Leser in Zeiten des aktuellen Fachkräftemangels, einhergehend mit einem spürbaren Wertewandel innerhalb der jüngeren Generationen, wie Handwerksunternehmen sich als attraktiver Arbeitgeber profilieren und am relevanten Arbeitsmarkt positionieren können. Durch Good Pay, verbunden mit New Work, können sich Handwerksbetriebe von der breiten Masse ihrer Wettbewerber abheben. Good Pay und New Work sorgen dafür, dass Handwerksbetriebe für bestehende und potenzielle Mitarbeiter ein attraktiver Arbeitgeber bleiben oder zukünftig werden.

Mein Dank für die kritische und konstruktive Begleitung beim Schreiben des Praxisratgebers gilt Frau Kersten Vettermann, Herrn Jakob Eyer und Herrn Thomas Mühlbradt.

Ockenfels im Herbst 2020

Eckhard Eyer und
Holzmann Medien | Buchverlag

Geleitwort

Die Vielfältigkeit und Dynamik an anzutreffenden Lebensentwürfen, Bedürfnissen, Motiven und Fähigkeiten der Menschen in modernen Gesellschaften wird als Individualisierung bezeichnet. Das Arbeitsleben bleibt, als wichtiger Teil der Gesellschaft, von dieser Entwicklung natürlich nicht ausgenommen. Jenseits des Flächentarifvertrages versprechen die Propheten der New Work, dieser Komplexität gerecht zu werden. Doch häufig genug finden sich unter diesem Etikett nur Sammlungen längst bekannter Konzepte, die noch dazu weitgehend unverbunden nebeneinandergestellt werden. Für das im Arbeitsleben so wichtige Gestaltungsfeld Entgelt bedeutet dies den Wandel von ehemals einheitlichen Lösungen zu einem Basar, auf dem Arbeitgeber und Arbeitnehmer miteinander handeln. Dieser Handel nimmt jedoch viel zu oft den Charakter eines sogenannten Nullsummenspiels an, bei denen der eine gewinnt, wenn der andere verliert. Instabilität und Unzufriedenheit sind die Folgen solcher Praxis.

Im vorliegenden Buch wird eine Alternative dazu vorgestellt: die Vergütung als Teil der Arbeitsgestaltung und der Unternehmensführung zu begreifen und das stringent und konsequent in die Praxis umzusetzen. Der Autor zeigt, wie sowohl Old Work als auch New Work mit dem Entgelt strategisch und konzeptionell zu verknüpfen sind. Damit entsteht eine Verbindung, die sowohl vollständig durchdacht als auch, aus einer langjährigen Beratungspraxis heraus, erfahrungsgesättigt ist. Dies machen nicht zuletzt die ausführlich dargestellten und gut verständlichen Praxisbeispiele aus dem Handwerk klar. Insgesamt legt der Autor hier einen modernen Werkzeugkasten zur Entgeltgestaltung vor, dem eine weite Verbreitung im Handwerk und darüber hinaus zu wünschen ist.

Thomas Mühlbradt

1. INHALT

Vorwort/Geleitwort 5

Inhaltsverzeichnis 9

1. Good Pay – eine Antwort auf den Wandel am Arbeitsmarkt 13

1.1 Der Wandel vom Arbeitgebermarkt zum Arbeitnehmermarkt . . 13

1.2 Wertewandel: Die Generation Y und die Generation Z 13

2. New Work und seine Entstehungsgeschichte . . . 17

2.1 Entwicklungen in den USA seit den 70er-Jahren 17

2.2 Entwicklung bei VOLVO in Schweden in den 70er-Jahren 18

2.3 Der Job Diagnostic Survey 19

2.4 Menschengerechte Arbeitsgestaltung in BetrVG und DIN 20

2.5 New Work – alter Wein in neuen Schläuchen? 21

3. New Work im Handwerk 23

3.1 Arbeit und Mitarbeiterführung im Handwerk 23

3.2 Arbeitsort 26

3.3 Arbeitszeit 27

4. Good Pay im Handwerk 31

4.1 Kulturabhängige Kriterien von Good Pay 31

4.2 Erkenntnisse der Gerechtigkeitsforschung 32

4.3 Beschreibung und Bewertung der kulturabhängigen Gerechtigkeitsvorstellungen 34

4.4 Gestaltung von Vergütungssystemen 39

5. Die erste Seite der Medaille von Good Pay – das typische Vergütungssystem . . . 41

5.1 Anforderungsbezogene Grundvergütung . . . 41
5.2 Leistungsentgelt . . . 49
5.3 Beteiligung am wirtschaftlichen Erfolg des Unternehmens . . . 70
5.4 Unternehmensspezifisches Vergütungssystem Good Pay . . . 73

6. Die zweite Seite der Medaille – die Interessen der Mitarbeiter . . . 75

6.1 Was Mitarbeiter schätzen . . . 75
6.2 Was Unternehmen Mitarbeitern anbieten können . . . 78
6.3 Was Unternehmen noch zum attraktiven Arbeitgeber macht . . . 89
6.4 Verknüpfungen von Leistung und Formen der Auszahlung . . . 91

7. Good Pay in der Praxis – vier betriebliche Beispiele . . . 93

7.1 Erstes Beispiel: Elektrohandwerk . . . 93
7.2 Zweites Beispiel: Sanitärhandwerk . . . 99
7.3 Drittes Beispiel: Friseurhandwerk . . . 105
7.4 Viertes Beispiel: Dachdecker- und Klempnerhandwerk . . . 107

8. Der Weg ist das Ziel . . . 113

8.1 Projektgruppe bilden . . . 113
8.2 Aufbau der Projektstruktur . . . 115
8.3 Vorgehen im Projekt . . . 116
8.4 New Work: Arbeits- und Arbeitszeitgestaltung . . . 119
8.5 New Work: Mitarbeiterführung . . . 122

8.6 Good Pay: Unternehmenswerte und Vergütungssystem 128
8.7 Good Pay: Auszahlung der Vergütung, Cafeteria-System ... 130

9. Die Frage zum Schluss: Sind Good Pay und New Work die Lösung für die Herausforderungen meines Unternehmens? 135

10. Der Autor 137

11. Literatur, Links & Abkürzungen 138

12. Stichwortverzeichnis....................... 141

1. GOOD PAY – EINE ANTWORT AUF DEN WANDEL AM ARBEITSMARKT

1.1 Der Wandel vom Arbeitgebermarkt zum Arbeitnehmermarkt

Der deutsche Arbeitsmarkt hat sich aufgrund des demografischen Wandels und der – besonders im Handwerk – fehlenden Fachkräfte in den letzten Jahren verändert.

Mit der guten wirtschaftlichen Entwicklung im letzten Jahrzehnt nahm die Arbeitslosigkeit ab und die Beschäftigung in der Bundesrepublik Deutschland zu. Damit einher ging der sogenannte demografische Wandel, d. h., es gingen altersbedingt mehr Menschen in Rente, als junge Menschen ein Arbeitsverhältnis begannen. In der Folge kam es zu einem spürbaren Fachkräftemangel. Davon besonders betroffen und in der Öffentlichkeit breit diskutiert waren die Branchen der Gesundheits- und Pflegewirtschaft, das Bauhandwerk und das Handwerk im Allgemeinen. Für Handwerksbetriebe verschärfte sich die Situation zusätzlich durch Gesetze, die Mitarbeitern einen vorzeitigen Ruhestand mit 63 Jahren ohne Rentenabschläge ermöglichten. Denn gerade im Handwerk beginnen Erwerbstätige bereits früh mit ihrer Ausbildung. Dadurch erreichen sie die Voraussetzungen für die Rente mit 63 relativ häufig.

Langjährig Erwerbstätige, die in den wohlverdienten Ruhestand gehen, hatten und haben eine andere Arbeitsauffassung und eine andere Arbeitskultur als junge Menschen, die gerade erst in den Beruf einsteigen.

1.2 Wertewandel: Die Generation Y und die Generation Z

Der Stellenwert der Arbeit im Leben der sogenannten „Babyboomer“ (Geburtsjahr 1946 bis 1964) unterscheidet sich stark von dem der Jahrgänge nach 1980 („Generation Y“) und nach 1995 („Generation Z“). Die Charakteristika der Generation Y werden nachfolgend skizziert.

Charakteristika der Generation Y

Berufliche Unabhängigkeit

Einmal im Beruf angekommen, möchte die Generation Y für ihr wertvolles Humankapital so viel Erfüllung, Freude und Anerkennung eintauschen wie nur irgendwie möglich. Sie lehnen Hierarchien und Reglementierungen ab und möchten einen Arbeitsplatz in einem Team haben, in dem sie keiner gängelt und sie ihre Fähigkeiten unter Beweis stellen können. Intensives Arbeiten und lebenslanges Lernen ist für sie selbstverständlich, aber sie haben auch gelernt, mit ihren Kräften zu haushalten. Sie haben so etwas wie eine eingebaute „Burn-out-Sperre".

Familie und Gleichberechtigung

Die Generation Y fordert neue Familienmodelle konsequent ein. Bei der Familienplanung und -gestaltung setzen sie auf Gleichberechtigung und Vaterzeit. Die „Ypsiloner" wünschen sich Kinder und drängen vehement auf die Vereinbarkeit von Familie und Beruf.

Freizeit und neue Medien

Die Freizeit ist das „Trainingslager" der Generation Y. Hier lernen die sogenannten Egotaktiker, ihren eigenen Weg durch den Dschungel der Optionen zu finden. Das Internet ist immer dabei – sei es auf dem Computer, Tablet oder Smartphone. Vor allem soziale Netzwerke sind ihnen für ihre Persönlichkeitsentwicklung wichtig. Neue Medien sind der Bereich, in dem sie sich gesellschaftlich überlegen fühlen und ihre eigenen Akzente setzen.

Charakteristika der Generation Y

Die Charakteristika der Generation Z skizziert die folgende Zusammenfassung:

Charakteristika der Generation Z

Ein entscheidendes Merkmal der Generation Z ist, dass ihre Angehörigen überwiegend erkannt haben, „dass die Träume der Älteren nur selten Realität werden." Deshalb schätzt diese Generation als Vorgesetzten einen ehrlichen, moralisch integren Chef, gerne auch in einem traditionellen mittelständischen Unternehmen, eher als einen ehrgeizigen Start-up-Visionär. Nur sechs Prozent der Generation Z planen, sich selbstständig zu machen. Für die Generation Z ist es schwerer, sich langfristig auf ein Unternehmen einzulassen, was nicht selten zu einer mangelnden Loyalität gegenüber dem Arbeitgeber führt.

Die Generation Z möchte tendenziell eher in einer kleinen Gruppe Gleichgesinnter zusammenarbeiten. Des Weiteren hat sie kein Interesse daran, sich außerhalb ihrer Arbeitszeiten mit Problemen, die diese betreffen, zu beschäftigen.

Familie und Beruf
Die Generation Z wünscht sich in ihrem Leben eine klare Trennung zwischen Privatleben und Beruf, weshalb das sogenannte „Work-Life-Blending" immer schlechter funktioniert. Der Satz „Bei uns haben wir ein flexibles Arbeitszeitsystem" wirkt genauso wie das Wort „Homeoffice" eher negativ und abschreckend, da diese meist als System gesehen werden, in welchem der Arbeitgeber seine Mitarbeiter ausnutzen möchte. Die Generation Z präferiert damit vor allem ihre Familie und ihr Privatleben. Der Beruf steht häufig erst an zweiter Stelle.

Freizeit
Der Haltung der Generation Z, den Beruf erst an zweiter Stelle zu sehen, kann man auch positive Seiten abgewinnen: Es kann durchaus positiv wirken, die Arbeitswelt nicht so verbissen zu sehen und gewisse Prioritäten auf Freizeit beziehungsweise Familie zu legen. Burn-out und Krankenstand können dadurch vermieden werden.

Charakteristika der Generation Z

Die unterschiedlichen Wertvorstellungen dieser beiden Generationen, aber auch die der einzelnen Erwerbstätigen, der Mitarbeiter, schlagen sich in ihren Bedürfnissen und Interessen – in Abhängigkeit von Alter, den Lebensphasen und Lebensumständen – nieder. Und das sowohl bezogen auf ihre Erwartungen an ihre Arbeit und die Arbeitsbedingungen als auch an die Höhe der Vergütung und die optimale Form ihrer Auszahlung. Hier ist Good Pay gefragt und eine passgenaue Antwort auf die Herausforderungen der Zukunft.

Handwerksbetriebe stehen am relevanten Arbeitsmarkt für Fachkräfte im Wettbewerb, insbesondere mit Industrieunternehmen und deren After-sale-Serviceabteilungen. So werden z. B. qualifizierte Mechatroniker im Kfz-Handwerk und in Industrieunternehmen, aber auch im Facility-Management gesucht.

2. NEW WORK UND SEINE ENTSTEHUNGSGESCHICHTE

2.1 Entwicklungen in den USA seit den 70er-Jahren

Der Begriff „New Work“ erlebte im Kontext der Arbeiten zur „Industrie 4.0“ und der „Arbeit 4.0“, die die Bundesregierung und hier insbesondere das Bundesministerium für Arbeit und Soziales in den letzten Jahren in Auftrag gab, eine Wiederentdeckung. Es entstand der Eindruck, New Work sei etwas, das im Kontext der Digitalisierung der Arbeit, der IT-Jobs, der Gründerszene, in Start-ups und in kreativen Branchen neu entstanden ist. Dabei stammen der Begriff New Work und die damit verbundenen Inhalte aus den 70er-Jahren des letzten Jahrhunderts. New Work ist ein Konzept der Arbeitsorganisation und -gestaltung, bei dem der Mensch und seine Bedürfnisse stärker in den Mittelpunkt gestellt werden. Der Österreicher Fritjof Bergmann entwickelte das Konzept zusammen mit Automobilherstellern im Großraum Detroit in den USA. Im Zuge der zunehmenden Technisierung und Automatisierung der Arbeitswelt und der immer monotoner und kurzzyklischer werdenden Arbeitsaufgaben der Produktionsmitarbeiter fragte sich Bergmann, wie motivierende Arbeit in den Fabriken der Zukunft aussehen sollte. Er entwickelte das Konzept der New Work, dessen Ziel es war, die Arbeit der Menschen motivierend zu gestalten. Bergmann formulierte dazu die in der nachfolgenden Übersicht genannten zentralen Werte einer menschengerechten und motivierenden Arbeit.

Kennzeichen von New Work

- # Selbstständigkeit der Mitarbeiter
- # Freiheit der Mitarbeiter
- # Teilhabe der Mitarbeiter an der Gemeinschaft
- # Freiräume der Mitarbeiter für
  - Kreativität
  - Entfaltung der eigenen Persönlichkeit

Im Ergebnis bedeutet das echte Handlungsfreiheit!

Werte der neuen Arbeit, der New Work

Bergmann, geprägt von einem humanistischen Menschenbild, ging davon aus, dass Menschen gerne arbeiten, wenn ihnen ihre Arbeit Freude macht und wenn sie sich in ihrer Arbeit verwirklichen können. Das ist dann der Fall, wenn sie eine gewisse Selbststän-

»Ohne harte und ernste Arbeit gibt es keinen strahlenden Erfolg.«

digkeit (z. B. bei der Wahl ihrer Arbeitsmethoden) und eine gewisse Freiheit (z. B. welche Arbeiten sie innerhalb eines Teams erledigen) haben. Wenn die Mitarbeiter in einem Team arbeiten, erhalten sie auch eine soziale Unterstützung, profitieren von kollegialer Beratung und nehmen an der Gemeinschaft teil. Die Freiheit, sich kreativ in das Unternehmen, z. B. mit Ideen und Verbesserungsvorschlägen einzubringen, ist dabei ebenso wichtig wie die eigene berufliche und persönliche Weiterentwicklung n der Arbeit. Das nennt Bergmann echte Handlungsfreiheit, denn er weiß auch um die Tätigkeit an getakteten Fließbändern und um vorgegebene Arbeitspausen, wenn die Sirene in der Halle angeht.

Die Unternehmen der Automobilindustrie arbeiteten mit dem kritischen Professor der University of Michigan zusammen, weil sie einen hohen Krankenstand und eine hohe Fluktuation hatten und die Qualität der Fahrzeuge am Ende des Fließbandes zu wünschen übrigließ, sodass teure Nacharbeiten notwendig waren. Ziel der Unternehmen war es, durch das Konzept von New Work den Krankenstand in den Fabriken zu senken, die Fluktuation zu minimieren, mit einem Team gut eingearbeiteter Mitarbeiter auf Anhieb Produkte mit hoher Qualität zu produzieren und die Arbeitsproduktivität zu steigern.

2.2 Entwicklung bei VOLVO in Schweden in den 70er-Jahren

Interessanterweise entwickelte VOLVO in Schweden gleichzeitig das Konzept der teilautonomen Gruppenarbeit. Im ersten Projekt arbeiteten 25 Teams zu je 10 Mitarbeitern anstelle eines Fließbandes mit 250 Mitarbeitern. Ziel der Schweden war es, den Krankenstand von ca. 20 bis 25 % um ein Viertel zu senken. Die monotone und sinnentleerte Arbeit am Fließband sollte so attraktiv gemacht werden, dass in Schweden, einem Land mit hohen Sozialstandards, die Menschen wieder bereit waren, eher zu arbeiten als – bei hoher Lohnfortzahlung – krank zu sein. Darüber hinaus sollte auch die hohe und teure Fluktuation gesenkt und die Qualität und Arbeitsproduktivität gesteigert werden.

Teilautonome Arbeitsgruppen (TAG) haben neben den eigentlichen Produktionsaufgaben auch gewisse Organisations- und Planungs-, Instandhaltungs- sowie Qualitätssicherungs- und Kontrollaufgaben. Die teilautonomen Arbeitsgruppen bestehen aus mehreren Mitarbeitern mit unterschiedlichen Qualifikationen. Sie organisieren sich – teilweise – selbstständig, das heißt, sie verteilen die anfallenden Arbeitsaufgaben selbstständig auf die Gruppenmitglieder entsprechend deren Qualifikation. Das Konzept der teilautonomen Arbeitsgruppen integriert die Gedanken der Arbeitserweiterung, der Arbeitsbereicherung und des Einsatzes an verschiedenen Arbeitsplätzen.

Kennzeichen von teilautonomen Arbeitsgruppen

Das Konzept der teilautonomen Arbeitsgruppen wurde in Deutschland in der zweiten Hälfte der 70er-Jahre auch im Rahmen von Projekten zur „Humanisierung der Arbeit" erprobt. Aufgrund politischer Vorbehalte setzte sich das Konzept jedoch trotz vieler erfolgreicher Projekte zu diesem Zeitpunkt noch nicht durch. Erst 1990, mit der MIT-Studie von Womack, Jones und Ross über die zweite Revolution in der Automobilindustrie und die japanischen Managementmethoden, kam der Durchbruch der Gruppenarbeit in Deutschland. Das Unternehmen Daimler Benz errichtete 1992 in Rastatt ein neues Werk als „humane Fabrik", die ganz auf Gruppenarbeit zugeschnitten war.

2.3 Der Job Diagnostic Survey

In den USA entwickelten die beiden Arbeitspsychologen Hackman und Oldham ein Instrument zur Arbeitsplatzanalyse und zur Bewertung des Motivationspotenzials von Arbeitsplätzen, den Job Diagnostic Survey (JDS). Das Motivationspotenzial von Arbeitsplätzen oder besser von Arbeitsaufgaben, die ja – gerade im Handwerk – an verschiedenen Arbeitsplätzen und Arbeitsorten ausgeführt werden (können), wird mit dem JDS bewertet. Arbeitsaufgaben sind dann motivierend, wenn Mitarbeiter eine Anforderungsvielfalt haben, die eine Monotonie verhindert (siehe nachfolgende Tabellen). Die Arbeitsaufgaben sollen ganzheitlich sein, d. h. nicht durch eine Arbeitsteilung so stark zerstückelt werden, dass ein Mitarbeiter sich nicht mehr mit seiner Arbeitsaufgabe und dem Produkt, an dem er arbeitet, identifizieren kann. Mitarbeiter, die eine Arbeitsaufgabe ausführen, sollen sich nicht als ein Rädchen im Getriebe fühlen, sondern spüren, dass sie eine wichtige Arbeitsaufgabe ausführen. Sie sollen bei der Arbeitsausführung eine gewisse Autonomie, z. B. hinsichtlich der Reihenfolge der zu erledigenden Arbeiten oder welche Arbeit sie innerhalb eines Teams übernehmen, haben. Wichtig ist auch, dass Mitarbeiter das Ergebnis ihrer Arbeit kennen und ein Feedback bekommen. Diese Rückmeldung kann eine sachliche Rückmeldung in einem Diagramm (z. B. hinsichtlich der Qualität und Kundenzufriedenheit) sein, es kann aber auch die Rückmeldung durch den Vorgesetzten sein, der Lob oder Tadel ausspricht. Oder aber das Feedback direkt durch den Kunden, wenn der Wasserhahn nicht mehr tropft, die Heizung wieder funktioniert oder der Stromausfall behoben ist. In diesem Kontext ist auch die Zusammenarbeit mit Kollegen, deren Feedback sowie die gegenseitige Unterstützung wichtig und motivierend.

Kriterien motivierender Arbeit

- Anforderungsvielfalt der Arbeitsaufgabe
- Ganzheitlichkeit der Aufgabe, wenig Arbeitsteilung
- Wichtigkeit der Aufgabe
- Autonomie, Handlungsspielraum bei der Arbeitsausführung
- Rückmeldung der Arbeitsergebnisse

Kriterien motivierender Arbeit nach Hackman und Oldham

Hackman und Oldham beschrieben neben den Kriterien für eine motivierende Arbeit auch einige wichtige **Rahmenbedingungen,** die neben der Gestaltung der Arbeitsaufgabe erfüllt sein sollen, damit die Mitarbeiter zufrieden sein können. Sie nennen die Arbeitsplatzsicherheit, das Betriebsklima, das Führungsverhalten der Vorgesetzten und nicht zuletzt die Vergütung.

Rahmenbedingungen motivierender Arbeit

- Arbeitsplatzsicherheit
- soziales Klima, Betriebsklima
- Führungsstil und Führungsverhalten
- Arbeitsvergütung, Lohn: Good Pay

Rahmenbedingungen der motivierenden Arbeit nach Hackman und Oldham

2.4 Menschengerechte Arbeitsgestaltung in BetrVG und DIN

Das Betriebsverfassungsgesetz (BetrVG) fordert, dass Arbeitgeber und Betriebsrat die gesicherten arbeitswissenschaftlichen Erkenntnisse bei der Gestaltung der menschengerechten Arbeit umsetzen. Die DIN EN ISO 9241-2 nennt die in der nachfolgenden Tabelle genannten sieben Humankriterien für die Gestaltung von Arbeitsaufgaben.

Die sieben Humankriterien motivierender Arbeit

- # Benutzerorientierung
- # Vielseitigkeit
- # Ganzheitlichkeit
- # Bedeutsamkeit
- # Handlungsspielraum
- # Rückmeldung
- # Entwicklungsmöglichkeiten

Die sieben Humankriterien nach DIN EN ISO 9241-2

Die aktuellen sieben Humankriterien fassen die Charakteristika von New Work im Handwerk gut zusammen.

2.5 New Work – alter Wein in neuen Schläuchen?

New Work ist – anders als der Name zunächst vermuten lässt – kein neues Thema, sondern ein altbekanntes. Sozusagen „alter Wein in neuen Schläuchen". Aber das ist kein Makel. Im Gegenteil, es hat etwas für sich, wenn man in vergleichbaren Situationen auf Bewährtes zurückgreifen kann.

Spannend ist die Frage, warum New Work gerade jetzt – nach gut 40 Jahren – wieder aktuell ist und warum die Arbeitsbedingungen wieder eine größere Rolle spielen als in den letzten Jahrzehnten. Im Kontext ergeben sich dabei folgende Fragestellungen:

- # Ist es der Wertewandel der Generation Y und der Generation Z?

- # Sind es die neuen Freiheitsgrade im Kontext der Digitalisierung, hinsichtlich der freien Gestaltung der Arbeitszeit und der Wahl des Arbeitsortes?

- # Ist es der geänderte Arbeitsmarkt, der sich zum Arbeitnehmermarkt entwickelt hat?

Wahrscheinlich hat die wiedergewonnene Bedeutung von New Work viele Ursachen, am stärksten wirkt sich vermutlich jedoch der aktuelle Fachkräftemangel aus, der die Unternehmen zu New Work veranlasst, um als attraktiver Arbeitgeber qualifizierte und motivierte Mitarbeiter der Generationen Y und Z für die Arbeit der Zukunft zu gewinnen. Durch motivierende Arbeit kann die sogenannte intrinsische Motivation (innere Motivation) steigen. Mit der Gestaltung von Good Pay bekommt insbesondere die äußere Motivation, die extrinsische Motivation, neue Impulse.

»Ein Mensch sieht, wie die Bauarbeiter ein Haus bauen, und geht auf sie zu.

Er fragt den ersten Bauarbeiter, was er da macht, der antwortet: „Ich schleppe Steine."

Er fragt einen zweiten Bauarbeiter, was er da macht, der antwortet: „Ich baue ein Haus."

Dann fragt er den dritten Bauarbeiter, was er da macht, und der antwortet: „Ich gebe einer Familie ein schönes neues Zuhause."«

Der Bedeutungsgewinn des tradierten Konzeptes der New Work verbunden mit Good Pay begann in der IT-Branche und bei Start-ups, weil sich dort zum einen der Fachkräftemangel besonders früh zeigte und sich der Arbeitsmarkt vergleichsweise früh zum Arbeitnehmermarkt wandelte. Darüber hinaus sind diese Branchen besonders anziehend für Menschen der Generationen Y und Z. Da noch keine branchenspezifischen Tarifverträge existierten, die gewisse Standards setzten und Orientierung gaben, mussten die innovativen Unternehmer mit ihren innovativen Mitarbeitern eigene, neue Wege gehen.

Das Positive an New Work und Good Pay ist, dass hierbei der Mensch wieder in den Mittelpunkt rückt und seine Interessen und Bedürfnisse im Hinblick auf die Arbeitsbedingungen an Bedeutung gewinnen. In Zeiten der Unterbeschäftigung und einer hohen Arbeitslosigkeit wurde vielen Mitarbeitern eine Arbeit, verbunden mit einem Lohn, angeboten, und sie wurden dann vor die Frage gestellt, ob sie das angebotene „Paket" annehmen oder es sein lassen. New Work ist somit nicht nur ein Thema für die IT-Branche, kreative Branchen und Start-ups, sondern auch ein Thema für produzierende Unternehmen und das Handwerk. Im Vergleich zu den stark arbeitsteiligen Wertschöpfungsprozessen in der Industrie wird im Handwerk bereits heute i. d. R. weit weniger arbeitsteilig gearbeitet, und die Kriterien einer motivierenden Arbeitsaufgabe sind besser, ja bereits weitgehend erfüllt. Je nach Tätigkeit haben die Mitarbeiter auch direkten Kundenkontakt und bekommen das Feedback aus erster Hand. New Work ist ein Pfund, mit dem das Handwerk, auch in Zeiten der Digitalisierung, wuchern sollte.

3. NEW WORK IM HANDWERK

3.1 Arbeit und Mitarbeiterführung im Handwerk

In den sehr oft überschaubaren Klein- und Mittelbetrieben des Handwerks ist die moderne Arbeit - ebenso wie das traditionelle Handwerk - gekennzeichnet durch hohe Transparenz der betrieblichen Abläufe und einen relativ hohen Freiheitsgrad der Mitarbeiter im Vergleich zur hoch arbeitsteiligen Industriearbeit. Weiteres Kennzeichen ist die starke Berücksichtigung der Bedürfnisse und Interessen der Mitarbeiter. Sehr häufig kennen die Betriebsinhaber alle Mitarbeiter persönlich.

In diesen Betrieben - meist ohne Betriebsrat - werden die Mitarbeiter vergleichsweise stark in die Gestaltung der betrieblichen Abläufe einbezogen. Hierbei geht es insbesondere um die Zuordnung zu verschiedenen Teams und die Arbeitsverteilung innerhalb von Teams sowie die Lage und Verteilung der betrieblichen und individuellen Arbeitszeiten. So können z. B. feste Servicezeiten bzw. Öffnungszeiten festgelegt werden und im Team die Arbeitszeiten individuell so aufeinander abgestimmt werden. Damit werden die betrieblichen Notwendigkeiten erfüllt und gleichzeitig die individuellen Bedürfnisse angemessen berücksichtigt. Voraussetzung für alle internen Maßnahmen ist immer die Gewährleistung einer notwendigen Kundenorientierung und Kundenzufriedenheit sowie die Einhaltung der Servicezeiten und Termine. Die nachfolgende Übersicht zeigt beispielhaft, welche Spielregeln sich im Handwerk und in der New Work bewährt haben.

Maßnahmen der Geschäftsführung zur Motivation der Mitarbeiter innerhalb New Work

Ziele festlegen
Definieren Sie klar, welches Engagement Sie sich von jedem Mitarbeiter wünschen. Fragen Sie, was er erreichen möchte, und benennen Sie Schritte, um die gemeinsamen Ziele zu erreichen.

Aufgaben zuordnen
Setzen Sie die Mitarbeiter entsprechend ihrer Fähigkeiten ein. Ist das etwa durch Personalmangel nicht möglich, sorgen Sie für Unterstützung (z. B. durch Schulungen) oder Entlastung durch flexible Unterstützung von Kollegen.

Training anbieten
Führen Sie Mitarbeiter an Entscheidungsprozesse heran. Organisieren Sie etwa eigene Workshops zu den klassischen „Problemthemen" im Betrieb: So können Mitarbeiter lernen, ihre Fähigkeiten und Potenziale gezielt für den Betrieb einzusetzen.

»Nichts kann den Menschen mehr stärken als das Vertrauen, das man ihm entgegenbringt.«

Freiraum lassen
Beschreiben Sie den Gestaltungsspielraum eines jeden Mitarbeiters und seine Kompetenzen möglichst exakt. Kümmern Sie sich innerhalb dieser Grenzen nur um wirklich ernsthafte Schwierigkeiten und überlassen Sie die Lösung kleinerer Probleme dem jeweiligen Mitarbeiter.

Feedback geben
Besprechen Sie regelmäßig, aber ohne die üblichen Schuldzuweisungen, was gut und was schlecht gelaufen ist. Loben Sie Mitarbeiter für Erfolge. Regen Sie das „Mitdenken" des Teams durch offene Fragen an und fordern Sie Ideen für Verbesserungen ein.

Motivationssteigernde Maßnahmen

Die Kehrseite der Medaille einer motivierenden Arbeit ist das Vermeiden von Demotivation, von sogenannten „Motivationskillern“, durch die Geschäftsführung und durch die Führungskräfte.

Motivationskiller

Viel Druck
Kurzfristig kann man als Chef die Motivation seiner Mitarbeiter steigern, indem man sie unter Druck setzt. Mittel- bis langfristig ist Druck dagegen gesundheitsgefährdend und killt jede Motivation. Wer wegen Stress schlecht schläft und sich deshalb morgens nur mühsam aus dem Bett quält, wird sich anschließend kaum für die Arbeit motivieren können. Auch wer um seinen Arbeitsplatz fürchtet, weil ständig Berater und Optimierer durch die Firma geistern, wird nicht die beste Arbeit abliefern. Denn wenn man um seine Existenz fürchtet, hat man den Kopf nicht für den Job frei.

Permanente Unterforderung
Nicht nur permanenter Druck, sondern auch Langeweile kann Mitarbeiter demotivieren. Ein Aufgabenprofil, das nicht fordert und keine Anreize setzt, sorgt für Unzufriedenheit. „Dauerhafte Langeweile kann genauso schädlich sein wie dauerhafter Stress", erklärt Thomas Hoffmann von der Personalberatung Robert Half. „Mitarbeiter, die sich langweiligen, empfinden Druck, den sie sich selbst auferlegen. Außerdem stellen sich Resignation und Lethargie ein, wenn Anerkennung und Wertschätzung ausbleiben. Im schlimmsten Fall sind das Born-out-Syndrom und Depressionen die Folge." Abhilfe ist gar nicht so schwer: Routinearbeiten etwa können im Team regelmäßig neu verteilt werden – und man sollte Mitarbeitern sukzessive mehr Verantwortung übertragen.

Wenig Geld
Geld ist nicht alles – aber ohne Geld ist bekanntlich alles nichts. „Leistung muss sich lohnen", wusste schon der einstige Bundeskanzler Helmut Kohl. Im Umkehrschluss heißt das: Wer seine Mitarbeiter schlecht bezahlt, demotiviert sie und sorgt dafür, dass ihre Leistung schlechter wird. Wer viel und Gutes leistet, sollte das auch vergütet bekommen. Denn das Gehalt ist auch immer ein Zeichen von Wertschätzung. Dabei muss es auch innerhalb der Belegschaft fair zugehen. Denn ein schlecht austariertes Gehaltsgefüge sorgt dafür, dass sich Neid und Missgunst in der Belegschaft ausbreiten – und das sind ebenfalls Motivationskiller!

Schlechter Umgangston
Zynismus, Nörgelei, ständiges Schlechtreden – das tötet auf Dauer jede Motivation der betroffenen Mitarbeiter. Denn wozu sollte man sich noch den Allerwertesten aufreißen, wenn sowieso alles schlecht ist? Auch ständiges Rumbrüllen ist nicht nur unprofessionell – denn niemand lässt sich gerne anschreien. Es ist auch demotivierend, denn niemand möchte seine Zeit und Energie für jemanden geben, der bei jeder Gelegenheit einen Wutanfall bekommt. Auch wenn es hektisch wird: Ein sachlicher, professioneller Ton ist „das A und O".

Mangelhafte Kommunikation
Eine Führungsriege, die sich abschottet, unter sich bleibt und den Mitarbeitern nicht zuhört: Kaum etwas ist demotivierender. Das gilt vor allem dann, wenn der Eindruck entsteht, die Mitarbeiter würden vor Entscheidungen, die sie betreffen, nicht einmal angehört. Außerdem ist der persönliche Kontakt besser als unternehmensinterne Mails. „Der Verzicht auf unnötige E-Mails gehört zum einfachsten Ansatz für mehr soziale Kontakte, selbst wenn das persönliche Gespräch nur wenige Momente dauert." Anderenfalls ist schnell die Rede von „denen da oben", die „in ihrem Elfenbeinturm" sitzen – und das ist Ausdruck des Gefühls, den Vorgesetzten eigentlich ziemlich egal zu sein. Ein offenes Ohr für die Mitarbeiter und ihre Anliegen zu haben kostet wenig Zeit, wirkt aber sehr motivierend. Und sympathisch macht es nebenbei auch.

Verschwendete Zeit
Ein Teammeeting, obwohl das Problem auch bilateral gelöst werden könnte. Endlose Diskussionen über die neue Urlaubsregelung ohne greifbares Ergebnis. Ein andauerndes Mail-Bombardement, das von der eigentlichen Arbeit ablenkt. Zeitfresser im Job sind demotivierend, denn sie sorgen dafür, dass man mit seinen eigentlichen Aufgaben nicht fertig wird. Zumal der Arbeitsalltag meist sowieso schon eng getaktet ist. Wer mit dem Gefühl nach Hause geht, seine Zeit nur verschwendet zu haben, ist unzufrieden mit sich und seinem Arbeitsplatz. Denn eine sinnvolle Tätigkeit und das Gefühl, im Beruf etwas zu leisten, sind laut einer Studie der Personalberatung Robert Half zwei der wichtigsten Faktoren für Glück und Motivation am Arbeitsplatz.

Kaum Lob
„Nicht geschimpft ist genug gelobt!" Immer noch halten viele Führungskräfte dieses Prinzip für ein gutes Instrument der Mitarbeiterführung. Herausragende Arbeit wird ignoriert, erst bei einem Fehler wird reagiert. Wer als Chef so agiert, braucht sich über demotivierte Mitarbeiter nicht zu wundern. Denn wer gute Arbeit leistet, ist auch stolz darauf – und möchte dafür auch gelobt werden. Ein einfaches „Danke" kann schon Wunder wirken. Dabei sollte auch die persönliche Sympathie kein Maßstab sein. Denn wenn der Vorgesetzte Mitarbeiter, mit denen er nicht so gut kann, öffentlich vorführt und andere, die er mag, mit Lob überschüttet, ist das Gift für die Moral des Teams.

Demotivatoren, sogenannte „Motivationskiller"

Der richtige Umgang der Führungskräfte mit den Mitarbeitern, ihr Führungsstil und der Umgang der Mitarbeiter miteinander sind – neben der Vergütung – entscheidend für das Betriebsklima, die Mitarbeiterzufriedenheit, die Mitarbeitermotivation sowie die Bindung der Mitarbeiter an das Unternehmen.

3.2 Arbeitsort

Bei den gewerblichen Mitarbeitern im Handwerk ist der Arbeitsort praktisch durch die Baustellen oder die notwendigen Installationen und Reparaturen beim Kunden weitgehend vorgegeben und für die Mitarbeiter nachvollziehbar. Aber es gibt auch im Handwerk Tätigkeiten an einem festen Arbeitsort im Betrieb, z. B. in Möbelschreinereien, in Bäckereien und im Friseurhandwerk.

In Filialen, z. B. in Verkaufsstellen von Bäckereien oder im Elektrofachhandel, ist der Arbeitsort ebenfalls vorgegeben. Seine Wahl liegt nicht im Ermessen des Mitarbeiters. Es ist jedoch ein Personaleinsatz in verschiedenen Filialen oder auch regelmäßige Rotationen der Mitarbeiter zwischen einzelnen Filialen denkbar, um den betrieblichen und persönlichen Interessen sowie der Kundenbindung gerecht zu werden.

Im Bereich der Verwaltung kann bei einzelnen Tätigkeiten eine gewisse „freie Wahl des Arbeitsortes“ bestehen. Ein Wechsel zwischen dem Arbeitsplatz „in der Firma“ und im Homeoffice ist nicht unüblich, wobei die Anwesenheit bei regelmäßigen und rechtzeitig festgelegten Teambesprechungen häufig Pflicht ist. So können z. B. Konstruktionsarbeiten und komplexe Schaltungen in einem Elektrofachbetrieb im Homeoffice durchgeführt werden. Im Bereich der Verwaltung eignen sich Arbeiten im Rechnungswesen und Controlling gut für das Homeoffice, ebenso im Vertrieb (z. B. die Ausarbeitung von komplexen Angeboten bei Ausschreibungen). Aufgrund des Zugriffs auf alle relevanten Daten (z. B. Lieferfähigkeit und Liefertermine) kann auch der Vertrieb zunehmend vom Homeoffice aus geleistet werden. Voraussetzung für Homeoffice ist neben den räumlichen und technischen Arbeitsbedingungen vor allem auch ein sicherer Zugriff auf die Daten im Unternehmen und die Datensicherheit.

Bei der Einrichtung eines Homeoffice ist vom Arbeitgeber zu beachten, dass die Arbeitsschutzbedingungen eingehalten werden und dass der Mitarbeiter für die Ausstattung und Nutzung des Homeoffices entschädigt werden muss, es sei denn, er verzichtet darauf in einer Ergänzung zum Arbeitsvertrag. Gründe für den Verzicht kann die Zeit- und Kostenersparnis beim täglichen Weg zur Arbeit und/oder die bessere Vereinbarkeit von Beruf und Familie oder Ehrenamt und Beruf sein.

3.3 Arbeitszeit

Die Arbeitszeit ist durch den Umfang der Arbeitszeit (z. B. 40-Stunden-Woche), die Lage der Arbeitszeit (z. B. Tag- oder Nachtschicht) und die Verteilung der Arbeitszeit (z. B. 8 Stunden täglich von Montag bis Freitag) gekennzeichnet.

Umfang der Arbeitszeit

Der Umfang der Arbeitszeit wird im Arbeitsvertrag vereinbart und damit traditionell auf Dauer festgelegt. Es zeigt sich zunehmend, dass es für Mitarbeiter in ihren verschiedenen Lebensphasen sinnvoll ist, die Arbeitszeit - für einen gewissen Zeitraum - aufzustocken oder zu reduzieren. Gründe dafür können die Erhöhung des Einkommens aufgrund besonderer finanzieller Belastungen sein oder mehr Zeit für die Arbeit, weil die Kinder das Haus verlassen haben. Die Arbeitszeit kann reduziert werden, um Familie und Beruf, ein Ehrenamt und den Beruf oder ein berufsbegleitendes Studium mit dem Beruf besser unter einen Hut zu bringen. Für das Unternehmen liegt der Vorteil der individuellen Anpassung der Arbeitszeit auf die Bedürfnisse der Mitarbeiter - unter Wahrung der betrieblichen Interessen - darin, dass die qualifizierten Mitarbeiter anders als durch eine Kündigung nicht ganz verloren gehen. Diese temporären Teilzeitmitarbeiter sind eingearbeitet, wenn sie wieder in Vollzeit arbeiten möchten, und es besteht nicht die Gefahr, dass sie sich bei einem anderen Betrieb bewerben.

Im Ballungsraum Stuttgart haben mittelständische Unternehmen der Metall- und Elektroindustrie zunächst mit Ingenieurinnen in Teilzeit während der Familienphase mit diesem System gute Erfahrungen gesammelt. Die Mitarbeiterinnen blieben fachlich „up to date“ und den Unternehmen verbunden. Sie konnten ihre Arbeitszeit wieder erhöhen, ohne sich nach der Familienphase neu bei den Unternehmen - oder gar bei einem Wettbewerber - zu bewerben. Mittlerweile bieten einige mittelständische Unternehmen ihren Mitarbeitern an, alle zwei Jahre die Arbeitszeit neu zu vereinbaren und die Vergütung an die erhöhte oder reduzierte Arbeitszeit anzupassen. Im Jahr 2015, bei der ersten Wahlmöglichkeit für eine geänderte Arbeitszeit in einem Unternehmen, machten ca. 3 % der Mitarbeiter vom Angebot, den Umfang ihrer persönlichen Arbeitszeit zu ändern, Gebrauch, 2017 waren es schon 7 % und 2019 sogar 11 %. Die Akzeptanz bei Mitarbeitern und Führungskräften wächst, und wer die Arbeitszeit (temporär) reduziert, weil es die persönlichen Lebensumstände erfordern, gilt nicht als „arbeitsscheuer“ Mitarbeiter, der seine Karrierechancen verspielt hat.

Lage der Arbeitszeit

Die Lage der Arbeitszeit richtet sich zum einen nach dem Gewerk des jeweiligen Handwerksbetriebs und zum anderen nach dem einzelnen Unternehmen. So ist der Mehrschichtbetrieb in einer Bäckerei notwendig und üblich, im Handwerk der Zimmerer hingegen eher atypisch und die Ausnahme. Stark witterungsabhängige Handwerksbetriebe wie Bauhandwerker, Zimmerleute, Klempner und Dachdecker arbeiten i. d. R. in Tagschicht und planen die unterschiedliche saisonale Dauer und Lage der täglichen Arbeitszeit im Vorfeld ein. So beträgt die Arbeitszeit in den Wintermonaten z. B. 7 Stunden am Tag, in den Übergangsmonaten 8 Stunden und im Sommer 9 Stunden und somit im Jahresmittel 8 Stunden/Tag und 40 Stunden/Woche.

In Verkaufsfilialen, z. B. einer Bäckerei, richtet sich die Lage der Arbeitszeit der Mitarbeiter nach den Öffnungszeiten von Montag bis Samstag und ggf. auch am Sonntag. Das Unternehmen legt in diesem Fall die Öffnungszeiten und die Servicezeiten der Mitarbeiter fest. Diese beginnen z. B. eine halbe Stunde vor der Öffnungszeit mit dem Backen von Brötchen, dem Einräumen der Regale und der Auslage sowie dem Streichen von Brötchen etc. und endet eine Viertelstunde nach dem Ende der Öffnungszeit. Wie viele Mitarbeiter während der Servicezeiten mit ihren Arbeitsspitzen und -tälern notwendig sind, wird aufgrund von Erfahrungswerten für die Wochentage und auch bezogen auf den Kundenandrang im Tagesablauf festgelegt. Die Mitarbeiter im Serviceteam einer Filiale stimmen idealerweise die individuellen Arbeitszeiten aufgrund der betrieblichen Erfordernisse und der persönlichen Präferenzen ab.

Die Lage der Arbeitszeit im Homeoffice und bei Telearbeit ist von den Mitarbeitern – unter Einhaltung der Arbeitszeitgesetze – relativ frei, entsprechend der individuellen Lebenssituation gestaltbar – vorausgesetzt, die den internen und externen Kunden zugesagten Termine und Ansprechzeiten werden eingehalten. So müssen z. B. die Zahlen des Controllings rechtzeitig der Geschäftsführung vorliegen und die Angebote für Ausschreibungen rechtzeitig vor dem Abgabetermin erstellt und geprüft sein. Die Arbeitszeiten der Mitarbeiter sind durch diese selbst, z. B. durch schriftliche Aufzeichnung, zu erfassen.

Die Verteilung der Arbeitszeit

Die Verteilung der Arbeitszeit gleichmäßig auf 5 Tage pro Woche, 8 Stunden am Tag und damit 40 Stunden je Woche ist häufig Standard, aber das muss nicht so sein. Eine Reihe von Unternehmen, die in Tagschicht arbeiten, haben sich entschieden, bei 40 Stunden die Woche von Montag bis Donnerstag 9 Stunden zu arbeiten und am Freitag jeweils

4 Stunden. Einerseits ermöglichen sie ihren Mitarbeitern dadurch ein attraktives langes Wochenende, andererseits haben die Unternehmen am Freitagnachmittag noch einen Puffer, zeitliche Verzögerungen der Arbeit wettzumachen, ohne gleich am Samstag arbeiten zu müssen.

Auf größeren Baustellen, bei denen der Weg von den Baucontainern zum Arbeitsplatz relativ lang sein kann, erspart das auch einmal in der Woche den Hin- und Rückweg von z. B. jeweils einer Viertelstunde. Das bedeutet damit wöchentlich eine halbe Stunde mehr produktive Arbeitszeit.

Eine Reihe von Serviceunternehmen wie z. B. Elektriker, Installations- und Sanitärhandwerker oder Tischler haben sich dafür entschieden, ihren Kunden „kleine" Dienstleistungen am Samstag von 8.00 bis 14.00 Uhr – wenn die Kunden also zu Hause sind – anzubieten. Auf diese Weise sparen sich Kunden einen freien Arbeitstag in der Woche, an dem sie ggf. Urlaub nehmen müssten. An den Samstagen werden typischerweise überschaubare Arbeiten wie z. B. die Montage von Leuchtmitteln, die Wartung der Heizungsanlage, das Einstellen und das Ölen der Fenster und Türen vorgenommen.

In Verkaufsfilialen wird die Verteilung der individuellen Arbeitszeit im Rahmen der Arbeitszeitgesetze und Öffnungszeiten sowie der Servicezeit zwischen den Mitarbeitern und ihrer Führungskraft abgestimmt bzw. durch die Führungskraft bestimmt.

Arbeitszeit ansparen

Mitarbeiter können, wenn sie z. B. Überstunden leisten, diese in ein Jahresarbeitszeitkonto einfließen lassen und im Laufe des Geschäftsjahres wieder als Freizeit nehmen. Möchten die Mitarbeiter über einen längeren Zeitraum Zeit ansparen, um z. B. früher in den Ruhestand gehen zu können, so ist das auch möglich. Die Arbeitsstunden werden dann vom Jahresarbeitszeitkonto auf ein sogenanntes Langzeitkonto übertragen. Arbeitsstunden im Langzeitkonto sind durch einen Insolvenzschutz angemessen abzusichern. Gebildet werden Langzeitkonten z. B. für

einen vorzeitigen Ruhestand,

Weiterbildung,

die Zeit des Hausbaus oder anderer privater Projekte,

ein Sabbatical,

eine Weltreise oder

die Betreuung von Familienangehörigen.

Temporäre Entkopplung von Arbeitszeit und Entgelt

Bei der Ermittlung der Vergütung kann es zu einer temporären Entkopplung von Arbeitszeit und Entgelt kommen, d. h., bei saisonal unterschiedlich langen Arbeitszeiten erhält der Mitarbeiter ein verstetigtes Monatseinkommen. Diese Entkoppelung führt dazu, dass bei Arbeitsmangel, z. B. in den Wintermonaten im Bauhandwerk oder in der Urlaubszeit im Friseurhandwerk, die Bereitschaft, die Arbeitszeit zu verkürzen, steigt und nicht Arbeiten ausgeführt werden, „die immer liegen geblieben sind und dann trotzdem nicht wie geplant erledigt werden". Der Arbeitgeber sollte bei der temporären Entkoppelung von Arbeitszeit und Entgelt darauf achten, dass er im Falle einer kurzfristigen Kündigung des Arbeitnehmers keinen Verlust erleidet, weil er die Mitarbeiter in der arbeitsarmen Zeit einstellt, diese in ein Minus auf dem Zeitkonto kommen und dann ausscheiden, ohne dass der Betrieb das Minus mit dem noch ausstehenden Monatslohn voll verrechnen kann.

4. GOOD PAY IM HANDWERK

Good Pay ist die Anwendung bekannter Werkzeuge zur Gestaltung von passgenauen betrieblichen Vergütungssystemen und Vergütungsbausteinen, ergänzt um die individuelle Auszahlung der Vergütung.

Basis für Good Pay sind folgende Eckpunkte:

die Wertschöpfung im Handwerksbetrieb rechtfertigt die Höhe des Entgeltes und

das Entgelt ist seiner Höhe nach am relevanten Arbeitsmarkt wettbewerbsfähig.

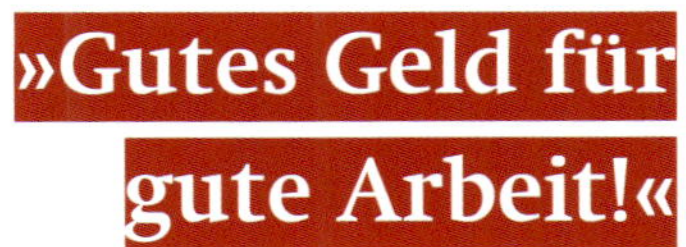

Beim Good Pay sind zwei Seiten der Medaille zu unterscheiden. Die erste Seite ist die „reine“ Vergütung, die die Mitarbeiter aufgrund ihrer Arbeitsleistung, ihres Beitrags zur Wertschöpfung des Unternehmens erhalten. Die zweite Seite der Medaille ist die Art und Weise, wie die Vergütung, das Entgelt, ausgezahlt wird. Die Auszahlung kann auf die Bedürfnisse der Mitarbeiter zugeschnitten werden und so deren Nutzen und die damit verbundene extrinsische Motivation erhöhen.

4.1 Kulturabhängige Kriterien von Good Pay

Gründet ein Handwerksmeister einen neuen Betrieb quasi auf der „grünen Wiese“, dann erscheint die Gestaltung des Good Pay noch relativ einfach, weil zunächst nur der Handwerksmeister den Führungsstil und die Unternehmenskultur bestimmt. Die Erfahrung zeigt jedoch, dass auch in seiner Brust mindestens zwei Herzen schlagen – wenn nicht ein ganzes inneres Team diskutiert, was gerecht und richtig ist. Hitziger werden diese Diskussionen, wenn mehrere Gesellschafter mit unterschiedlichen Gerechtigkeitsvorstellungen das Good Pay gestalten möchten und dabei noch von ihren Mitarbeitern in deren unterschiedlichen Meinungen unterstützt werden.

4.2 Erkenntnisse der Gerechtigkeitsforschung

Was unterschiedliche Gruppen – Unternehmer, Handwerksmeister, Mitarbeiter und Betriebsräte – als eine gerechte Vergütung erleben, ist sehr unterschiedlich. In der empirischen Gerechtigkeitsforschung lassen sich zwei Kriterienbündel identifizieren: einen kulturunabhängigen Aspekt der Gerechtigkeit und einen kulturabhängigen.

Kulturunabhängige Gerechtigkeitsvorstellungen

Die **kulturunabhängigen Kriterien** gelten weltweit – unabhängig von den Menschen, ihren Lebensumständen und der Nation bzw. dem Kulturkreis. Diese kulturunabhängigen Gerechtigkeitsvorstellungen zeigt die nachfolgende Liste.

Kulturunabhängige Kriterien für ein gerechtes Vergütungssystem

- Transparenz
- Vollständigkeit und Genauigkeit der Information
- Gleichbehandlung
- Beteiligungs- und Einspruchsmöglichkeit
- Aufklärung und zeitnahe Rückmeldung an Betroffene

Kriterien für die kulturunabhängige Gestaltung von Vergütungssystemen

Ein Vergütungssystem muss – wenn es als gerecht und fair erlebt werden soll – für die betroffenen Mitarbeiter transparent und nachvollziehbar sein. Das bedeutet, dass es vollständig und hinreichend genau beschrieben ist. Mit dem Vergütungssystem muss Gleiches gleich und Ungleiches ungleich behandelt werden, um dem Grundsatz der Gleichbehandlung zu genügen. Die Mitarbeiter benötigen – wenn sie das Vergütungssystem fehlerhaft auf sich oder Kollegen angewendet sehen – Reklamationsrechte. Sie sollen eine schnelle Aufklärung erhalten, um Frustration und Demotivation sowie die Flucht in Krankheit und Fluktuation zu vermeiden.

Kulturabhängige Kriterien von Gerechtigkeit

Die kulturunabhängigen Kriterien der Vergütungsgerechtigkeit sind von den **kulturabhängigen Vorstellungen,** den Werten des Unternehmens, zu unterscheiden. Letztere können von den unterschiedlichen Rollen, die die Menschen wahrnehmen (z. B. Unternehmensleitung, Führungskräfte, Mitarbeiter und Betriebsräte) abhängen, aber auch von ihren unterschiedlichen Interessen sowie ihren unterschiedlichen beruflichen Werdegängen. Die empirische Gerechtigkeitsforschung stellte fest, dass die Vorstellungen von Mitarbeitern (Unternehmensleitung, Führungskräfte, Mitarbeiter, Betriebsrat) über „gerechte" Vergütungssysteme auch von den Strukturen und Prozessen, in denen Mitarbeiter arbeiten und die sie geprägt haben, abhängig sind. Mitarbeiter, die Fliesenleger sind und als „Einzelkämpfer" im Handwerk arbeiteten, präferieren eher eine individuelle Leistungsvergütung als Mitarbeiter, die nur im Team auf großen Baustellen arbeiten und gemeinsam Projekte realisieren. Letztere bevorzugen erfahrungsgemäß eher eine Teamvergütung.

Das heißt, ein Vergütungssystem wird dann von den Mitarbeitern als gerecht erlebt, wenn es neben den kulturunabhängigen Kriterien auch den Gerechtigkeitsvorstellungen, also den Werten der Mitarbeiter und denen des Unternehmens und gleichzeitig auch der gelebten Unternehmenskultur entspricht. In der nachfolgenden Liste sind typische kulturabhängige Gerechtigkeitsvorstellungen für die Vergütung beispielhaft genannt.

Kulturabhängige Kriterien für ein gerechtes Vergütungssystem

- Anforderungen der Arbeitsaufgabe (anforderungsgerecht)
- Leistung des Mitarbeiters (leistungsgerecht)
- Qualifikation des Mitarbeiters (qualifikationsgerecht)
- Familienstand, Anzahl der Kinder des Mitarbeiters (bedürfnisgerecht)
- Ergebnis bzw. Erfolg des Unternehmens (ergebnis- bzw. erfolgsgerecht)
- einschlägige Berufserfahrung des Mitarbeiters (erfahrungsgerecht)
- Alter/Seniorität des Mitarbeiters (altersgerecht)
- Betriebszugehörigkeit, Loyalität des Mitarbeiters (loyalitätsgerecht)
- Belastungen durch die Arbeit bzw. Arbeitsumgebung (belastungsgerecht)
- Gefährdungen durch die Arbeit (gefährdungsgerecht)
- Nachfrage am Arbeitsmarkt (marktgerecht)

Kulturabhängige Werte für ein gerechtes Vergütungssystem

Der Prozess der Gestaltung eines Vergütungssystems – und damit auch Good Pay – ist aufgrund der verschiedenen kulturunabhängigen und insbesondere kulturabhängigen Gerechtigkeitsvorstellungen sehr komplex und selten konfliktfrei. Dabei ist auch zu berücksichtigen, dass die unterschiedlichen Wertvorstellungen der Akteure sehr stark emotional besetzt sind und nicht selten pointiert und mitunter lautstark vorgetragen werden.

»Wir haben gedacht, wir kennen uns. Das war jedoch bevor wir über Lohn und Lohngerechtigkeit gesprochen haben.«

4.3 Beschreibung und Bewertung der kulturabhängigen Gerechtigkeitsvorstellungen

Die oben aufgeführten kulturabhängigen Wertvorstellungen werden nachfolgend hinsichtlich ihrer Anwendung im deutschen Kulturkreis – der nicht homogen ist und neben branchenspezifischen Besonderheiten auch unternehmensspezifische Besonderheiten kennt – beschrieben und bewertet.

Anforderungen der Arbeitsaufgabe

Die Anforderungen der Arbeitsaufgabe, die notwendige Qualifikation der Mitarbeiter, um eine ihnen übertragene Arbeitsaufgabe auszuführen, und ihre Bereitschaft und Fähigkeit, Verantwortung zu übernehmen, ist in praktisch jedem Vergütungssystem relevant.

Mit der Höhe der Anforderungen geht i. d. R. auch der Wertschöpfungsbeitrag der Mitarbeiter zum Unternehmenserfolg einher.

Leistung der Mitarbeiter

Die Leistung der Mitarbeiter – ihr Leistungsverhalten und die von ihnen erzielten Leistungsergebnisse – ist in einer Vielzahl von Vergütungssystemen eine relevante Größe. Die Leistung der Mitarbeiter oder des Teams kann beurteilt und/oder gemessen werden. Sie bezieht sich nicht nur auf die Arbeitsquantität, sondern auch auf die Qualität der Arbeitsausführung, die Kundenzufriedenheit, Pünktlichkeit der Mitarbeiter sowie ihr Auftreten beim Kunden. Das Führungsverhalten und der optimale Einsatz der Mitarbeiter sind für die Leistung der Führungskräfte relevante Kriterien.

Die Leistung der Führungskräfte und Mitarbeiter hat einen erheblichen Einfluss auf ihre Wertschöpfung bzw. die des Unternehmens.

Qualifikation der Mitarbeiter

Die Vergütung der Mitarbeiter nach ihrer Qualifikation – unabhängig von der Arbeitsaufgabe, die sie ausführen – ist in der Praxis umstritten. Dass man einen Mitarbeiter eine Arbeitsaufgabe ausführen lässt, die er nicht beherrscht, ist nicht strittig. Diskutiert wird, ob ein Mitarbeiter, der überqualifiziert ist, nach seiner höheren „mitgebrachten" Qualifikation vergütet wird oder nur aufgrund der für die Durchführung der Arbeitsaufgabe notwendigen Qualifikation. In praktisch allen Branchen werden die Mitarbeiter grundsätzlich entsprechend der notwendigen Qualifikation zur Erledigung der Arbeitsaufgaben vergütet. Ausnahmen sind zum einen die temporäre Höhervergütung, weil der Mitarbeiter in einem überschaubaren Zeitraum eine höherwertige Arbeitsaufgabe übernehmen soll (z. B. eine Meisterfunktion), und im Handwerk, wenn der Arbeitgeber unterstellt, dass die möglicherweise zum Einstellungszeitpunkt überqualifizierten Mitarbeiter ihre Fähigkeiten aufgrund der sich schnell verändernden Arbeitsaufgaben aufgrund der Agilität des Marktes, der neuen Technologien und der sich schnell ändernden Kundenwünsche in einem überschaubaren Zeitraum voll einsetzen können.

Der Beitrag zur Wertschöpfung korrespondiert – wie beschrieben – mit der eingesetzten Qualifikation aufgrund der übertragenen Arbeitsaufgaben und in Ausnahmefällen auch mit der mitgebrachten Qualifikation der Mitarbeiter, wenn diese zu einer höheren bzw. besseren Leistung führt.

Familienstand und Anzahl der Kinder der Mitarbeiter

Seit dem 17. Jahrhundert – und bis zum Jahr 2005 – gehörte es in Deutschland zur Kultur der beiden Branchen öffentliche Verwaltung und Wohlfahrtspflege, dass die Mitarbeiter einen „Verheiratetenzuschlag“ und einen „Kinderzuschlag“ für Kinder bis 27 Jahren, die zum Haushalt des Mitarbeiters gehörten, erhielten. Grundlage dafür war die Kultur, dass der Mann als Haushaltsvorstand und Alleinverdiener seine Familie zu ernähren hatte. Die Bedürftigkeit des Haushaltsvorstandes wurde so zum Maßstab für die Vergütung. Da sich das Rollenverständnis von Mann und Frau in den letzten Jahrzehnten in Deutschland stark verändert hat und in der betrieblichen Praxis Familienväter die teureren Mitarbeiter sind, was bei einer einseitigen Kostenbetrachtung zu einer Fehlsteuerung führen und kontraproduktiv sein kann, wurde im neuen Tarifvertrag des Öffentlichen Dienstes im Jahre 2005 das Alimentationsprinzip verworfen. In einzelnen kulturellen Nischen, wie z. B. in einigen regionalen Arbeitsvertragsrichtlinien der Diakonie und bei Nichtregierungsorganisationen, zu deren Selbstverständnis es passt, wird das Alimentationsprinzip weiterhin – als wichtiges kulturbildendes Element – angewandt.

Es besteht keine signifikante Abhängigkeit zwischen dem Familienstand und der Anzahl der Kinder einerseits und dem Beitrag des Mitarbeiters zur Wertschöpfung des Unternehmens andererseits.

Ergebnis bzw. Erfolg des Unternehmens

Die Beteiligung der Mitarbeiter am Ergebnis bzw. Erfolg des Unternehmens ist eine – auf den ersten Blick optimale – Vergütungsmöglichkeit, denn der Wertschöpfungsbeitrag der Mitarbeiter schlägt sich im Ergebnis des Unternehmens nieder.

Um eine Ergebnisbeteiligung zu realisieren, ist es wichtig, dass mindestens zwei wichtige Voraussetzungen erfüllt sind:

Die Eigentümer des Unternehmens wollen ihre Ergebnisse (Gewinne, Renditen ...) offenlegen.

Die Ermittlung des Ergebnisses wird transparent und eindeutig beschrieben, und Gestaltungs- bzw. Manipulationsmöglichkeiten bei der Ermittlung des Ergebnisses werden ausgeschlossen (z. B. freie und legale Gestaltung der Abschreibungen bei der Gewinnermittlung).

Die Verteilung des Unternehmensergebnisses auf die Mitarbeiter kann z. B. aufgrund von deren anforderungsbezogenem Grundentgelt, ihrem Jahreseinkommen inklusive Leistungsentgelt, nach Köpfen, nach geleisteter Jahresarbeitszeit oder anderen betrieblichen Werten erfolgen.

Exkurs: Beteiligung der Mitarbeiter am Unternehmen

Einige Unternehmen bieten ihren Mitarbeitern eine Mitarbeiterkapitalbeteiligung an, um sie so zu Mitunternehmern zu machen und ihre Identifikation mit dem Unternehmen – ihrem Unternehmen – zu stärken. Der Anteil am Unternehmensergebnis bestimmt sich dann i. d. R. nach dem Anteil der Kapitalbeteiligung am Unternehmenskapital.

Einschlägige Berufserfahrung der Mitarbeiter

Die einschlägige Berufserfahrung von Mitarbeitern führt, im Vergleich zu Mitarbeitern ohne einschlägige Berufserfahrung, i. d. R. zu besseren quantitativen und qualitativen Leistungen bzw. Leistungsergebnissen der Mitarbeiter. Dieser Unterschied kann durch Erfahrungszuschläge oder Erfahrungsstufen honoriert werden. Dabei ist darauf zu achten, dass die Erfahrungsstufen mit dem typischen Erfahrungsgewinn und einer Leistungserhöhung in einem plausiblen und angemessenen Zusammenhang stehen.

Die Berücksichtigung der einschlägigen Berufserfahrung ist die Betrachtung des Inputs für die Ermittlung und Vergütung der Mitarbeiterleistung. Hier ist zu prüfen, ob die Betrachtung des Outputs, die Beurteilung oder Messung der Leistung, der Honorierung der Berufserfahrung vorzuziehen ist, denn die einschlägige Berufserfahrung führt nicht zwangsweise zu einer höheren bzw. besseren Leistung.

Alter der Mitarbeiter

Ähnlich wie bei der einschlägigen Berufserfahrung kann das Lebensalter zu einer höheren oder besseren Leistung und damit höherem Wertschöpfungsbeitrag führen. Diese Betrachtung ist, wie die einschlägige Berufserfahrung, eine Orientierung am Input und nicht am Output mit den besprochenen Ungerechtigkeiten.

Die Honorierung des Alters in Vergütungssystemen, die rund 300 Jahre Teil der deutschen Kultur war und in vielen Branchen angewandt wurde, ist seit dem Jahr 2006 verboten. Seit der Einführung des Allgemeinen Gleichbehandlungsgesetzes (AGG) ist die Vergütung aufgrund des Lebensalters diskriminierend und nicht (mehr) erlaubt.

Am Beispiel der Honorierung des Alters wird deutlich, dass sich Kulturen, Branchen- und Unternehmenskulturen verändern und einzelne Gerechtigkeitsvorstellungen an Bedeutung verlieren oder - nach 300 Jahren erfolgreicher Praxis - gar gesetzeswidrig sind.

Betriebszugehörigkeit

Die Betriebszugehörigkeit und die damit verbundene Loyalität eines Mitarbeiters zu „seinem“ Unternehmen kann honoriert und damit auch die Bindung des Mitarbeiters an sein Unternehmen verstärkt werden. In Zeiten des Fachkräftemangels in den 50er- und 60er-Jahren wurde die Honorierung der Betriebszugehörigkeit sehr häufig mit Zuschlägen für Betriebstreue und vor allem mit einer betrieblichen Altersversorgung verknüpft. Der Arbeitgeber zahlte die Beiträge zur betrieblichen Altersversorgung, und bei einem Unternehmenswechsel entfiel die Altersversorgung ersatzlos, ebenso wenn das Unternehmen in Konkurs ging.

Diese Form der Honorierung der Betriebszugehörigkeit wurde umgangssprachlich auch „goldener Käfig“ genannt. Dieser führte bei veränderungswilligen Mitarbeitern nicht zwingend zu einer höheren Motivation und Arbeitsleistung bzw. Wertschöpfung.

Die Kultur in Deutschland und Rechtsprechung änderten sich. 1974 wurde durch das Betriebsrentengesetz geregelt, dass die betriebliche Altersversorgung zum einen beim Arbeitgeberwechsel unverfallbar und zum anderen insolvenzgeschützt ist.

Belastungen und Gefährdungen durch die Arbeit

Belastungen der Mitarbeiter sollen nach Möglichkeit minimiert und Gefährdungen – zumindest weitgehend – ausgeschlossen werden. Das Prinzip „Geld für Gesundheit" sollte nicht angewandt werden. Trotzdem lassen sich, auch durch noch so ausgeklügelte Maßnahmen und Mensch-Roboter-Kollaborationen, die Belastungen und Gefährdungen nicht gänzlich ausklammern. In diesen Fällen können Mitarbeitern Zulagen – für die Dauer der belastenden und gefährdenden Arbeiten – gezahlt werden.

Das Ertragen von Belastungen und Sich-in-Gefährdungssituationen-Begeben ist kein wirklicher Beitrag zur Wertschöpfung, auch dann nicht, wenn dadurch kurzfristig kostspielige Investitionen in Technik vermieden werden.

Nachfrage am relevanten Arbeitsmarkt

Neben allen arbeitspsychologisch, arbeitswirtschaftlich und soziologisch fundierten Gerechtigkeitsvorstellungen und den darauf aufbauenden Vergütungssystemen stellt sich auch die betriebswirtschaftliche Frage: „Gewinne ich zu der von mir angebotenen Vergütung den gewünschten Mitarbeiter?" Die Antwort auf diese Frage hängt nicht zuletzt vom Umfeld, in dem sich das Unternehmen bewegt – dem relevanten Arbeitsmarkt –, ab.

Noch vor wenigen Jahren, in Zeiten hoher Arbeitslosigkeit, herrschte ein Arbeitgebermarkt vor, bei dem potenzielle Mitarbeiter die ihnen angebotenen Arbeiten mit der dazugehörigen Vergütung i. d. R. akzeptierten und froh waren, den Arbeitsvertrag zu erhalten. Im Zuge des demografischen Wandels und der guten wirtschaftlichen Entwicklung nach der Finanzkrise 2008 wandelte sich der Arbeitgebermarkt zum Arbeitnehmermarkt. Dabei ist jeweils der relevante Arbeitsmarkt entscheidend. Fachkräfte werden eher im näheren Umkreis gesucht, Spezialisten und Führungskräfte hingegen auch in einem größeren Umkreis des Handwerksbetriebs.

Neben der auszuführenden Arbeit – der New Work – gewinnt auch die Höhe der individuellen Vergütung sowie die Form ihrer Auszahlung – das Good Pay – an Bedeutung. In diesem Zusammenhang stellt sich auch immer wieder die Frage, ob die erwartete Wertschöpfung durch die Mitarbeiter der geforderten Vergütung entspricht.

4.4 Gestaltung von Vergütungssystemen

Die Gestaltung des betrieblichen Good Pay ist ein komplexer Vorgang, bei dem die unterschiedlichen Wertvorstellungen bewertet und die gewählten Werte möglichst widerspruchsfrei in Einklang gebracht werden sollen.

Im deutschen Kulturkreis hat sich bereits in den 20er-Jahren des letzten Jahrhunderts das sogenannte doppelte Äquivalenzprinzip von Kosiol etabliert. Es besagt, dass Mitarbeiter entsprechend ihrem Leistungsbeitrag zur Wertschöpfung des Unternehmens, differenziert nach der Arbeitsaufgabe, die sie ausführen, und ihrer individuellen Arbeitsleistung, vergütet werden sollen. So überzeugend das beschriebene doppelte Äquivalenzprinzip von Kosiol für die betrieblichen Vergütungssysteme ist, es ist, wie gezeigt wurde, nicht konkurrenzlos. Abhängig von dem, was Menschen in den Handwerksbetrieben als gerecht erleben, welche Wertvorstellungen sie haben, werden die betrieblichen Vergütungssysteme entwickelt.

Die nachfolgende Abbildung zeigt die Eckpunkte, auf denen Good Pay aufgebaut ist, sowie das dazugehörige Fundament: die notwendige Wertschöpfung, um ein ausreichendes Budget zu haben, und die Wettbewerbsfähigkeit am relevanten Arbeitsmarkt (dieser gestaltet sich z. B. in Metropolen anders als im ländlichen Raum).

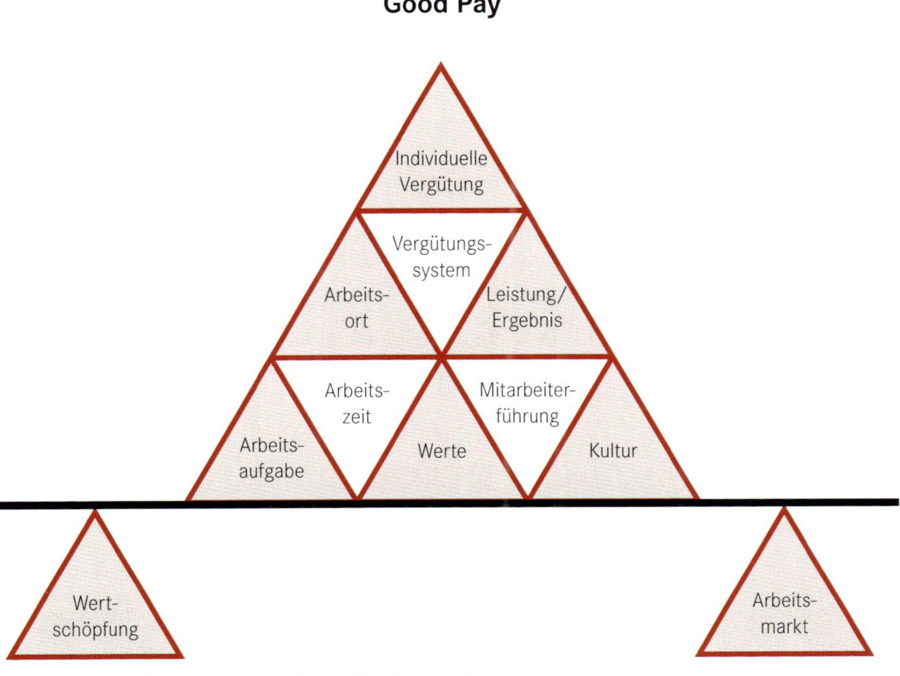

Eckpunkte und Fundament der Good-Pay-Pyramide

Bei der Gestaltung von Good Pay sind die Arbeit selbst, die Arbeitszeit und der Arbeitsort zu berücksichtigen. Ebenso sind die ausgewählten Werte des Unternehmens mit der Unternehmenskultur und der Mitarbeiterführung in Einklang zu bringen. Darauf aufbauend kann die Leistungserfassung von Mitarbeitern und Teams oder die Messung des Leistungsergebnisses fußen. Das Vergütungssystems mit der individuellen Auszahlung der Vergütung runden die Good-Pay-Pyramide ab.

Für die weitere Darstellung und Beschreibung wurden als Grundwerte der Vergütung für das Handwerk die im deutschen Kulturkreis dominierenden Wertvorstellungen

anforderungsgerechte Vergütung,

leistungsgerechte Vergütung und

erfolgsgerechte Vergütung

ausgewählt. Diese werden ergänzt durch Berücksichtigung der

Betriebszugehörigkeit und

Berufserfahrung.

Neben der Ermittlung der Höhe der Vergütung, die sich die Mitarbeiter erarbeiten, bezieht sich Good Pay auch auf die Auszahlung der Vergütung. Hierbei stehen die Bedürfnisse der Mitarbeiter im Mittelpunkt. Die steuerlichen und sozialversicherungsrechtlichen Vorteile sowie die Nachfragemacht des Arbeitgebers werden dazu genutzt, den Nutzen für den Mitarbeiter zu optimieren. Sozusagen „mehr Netto vom Brutto“.

5. DIE ERSTE SEITE DER MEDAILLE VON GOOD PAY – DAS TYPISCHE VERGÜTUNGSSYSTEM

Die drei genannten Grundphilosophien und ihre Ergänzung – die bei Good Pay eine große Rolle spielen – werden nachfolgend ausführlich dargestellt.

5.1 Anforderungsbezogene Grundvergütung

Summarische Arbeitsbewertung

Ziel der Arbeitsbewertung ist es, den Wert einer Tätigkeit zu ermitteln – unabhängig von der Person, die diese ausführt. Diese Arbeitsbewertung kann mithilfe unterschiedlicher Methoden erfolgen.

Die summarische Arbeitsbewertung betrachtet die Arbeitsaufgabe, die Tätigkeit, in Gänze und ordnet sie in der Regel aufgrund der geforderten Kenntnisse sowie der zu übernehmenden Verantwortung einer Vergütungsgruppe zu. Betrachtet werden immer die Anforderungen, die die Ausführung der Tätigkeit erfordert, aber nicht die Fähigkeiten, die der Mitarbeiter seinerseits mitbringt. Die Person des Mitarbeiters ist für diese Bewertung nicht von Bedeutung. Der Wert der Tätigkeit ist unabhängig davon, welcher Mitarbeiter diese ausführt.

Die Zahl der Vergütungsgruppen richtet sich in der Regel danach, inwieweit eine sinnvolle inhaltliche Abgrenzung der Vergütungsgruppenbeschreibungen möglich ist.

Ein Beispiel für eine summarische Arbeitsbewertung ist der Auszug aus dem für das Land Bayern abgeschlossenen Entgelttarifvertrag für die Handwerkerbranchen Elektrotechnik, Informationstechnik und Elektromaschinenbau. Hierbei sind die Entgeltgruppen mit Qualifikationsmerkmalen beschrieben, die die Anforderungen der Arbeitsaufgabe (Tätigkeit) an die Mitarbeiter beschreiben und darüber hinaus Tätigkeitsmerkmale enthalten.

Entgeltgruppenbeschreibungen

1. Vorbemerkung

Jeder Arbeitnehmer wird entsprechend seiner ausgeübten Tätigkeit in eine Entgeltgruppe eingruppiert, unabhängig davon, auf welche Art und Weise die Qualifikationen erworben wurden.
Werden Arbeitnehmer in Berufen beschäftigt, die in den Entgeltgruppentexten nicht aufgeführt sind, werden sie entsprechend ihrer Tätigkeit einer Entgeltgruppe zugeordnet.
Die Eingruppierung erfolgt durch den Arbeitgeber unter Beachtung der gesetzlichen Bestimmungen.
Die Eingruppierung erfolgt aufgrund einer ganzheitlichen Betrachtung der Arbeitsaufgabe, d. h. ohne Zergliederung in einzelne Tätigkeiten.
Die Vergütungsgruppen sind den Personen zuzuordnen, nicht den einzelnen Tätigkeiten.
Die Eingruppierung erfolgt aufgrund der Anforderungen, die sich aus den vereinbarten Arbeitsaufgaben ergeben.
Dem Arbeitnehmer ist die Vergütungsgruppe, in die er eingestuft wurde, schriftlich mitzuteilen.

2. Mischtätigkeiten

Werden einem Arbeitnehmer Tätigkeiten übertragen, die verschiedenen Vergütungsgruppen zuzuordnen sind, so ist die höherwertige Tätigkeit für die Eingruppierung maßgebend.
Werden einem Arbeitnehmer vorübergehend niedrigwertige Tätigkeiten zur Ausführung übertragen, so bleibt seine bisherige Eingruppierung und seine bisherige Vergütung erhalten.
Soll der Arbeitnehmer auf Dauer niedrigwertigere Tätigkeiten als bisher zugewiesen bekommen, so kann unter Einhaltung der für ihn geltenden Kündigungsfristen eine Änderungskündigung ausgesprochen werden.

3. Summarische Entgeltgruppenbeschreibungen (Auszug)

Entgeltgruppe E

Qualifikationsmerkmale:
Einschlägige, gewerblich-technische oder kaufmännische Berufsausbildung mit Abschluss und Berufspraxis.
Tätigkeitsmerkmale:
Tätigkeiten qualifizierter Art, die nach allgemeiner Anweisung teilweise selbstständig ausgeführt werden.

Entgeltgruppe F (Eckentgelt)

Qualifikationsmerkmale:
Einschlägige, gewerblich-technische oder kaufmännische Berufsausbildung mit Abschluss und Berufspraxis sowie Fachkenntnissen auf verschiedenen technischen bzw. kaufmännischen Sachgebieten
Tätigkeitsmerkmale:
Tätigkeiten qualifizierter Art, die nach allgemeiner Anweisung selbstständig ausgeführt werden.

Entgeltgruppe G

Qualifikationsmerkmale:
Einschlägige, gewerblich-technische oder kaufmännische Berufsausbildung mit Abschluss und Berufspraxis sowie Fachkenntnissen auf verschiedenen technischen bzw. kaufmännischen Sachgebieten mit mehrjähriger Berufserfahrung.
Tätigkeitsmerkmale:
Tätigkeiten qualifizierter Art, die nach allgemeiner Anweisung selbstständig ausgeführt werden.

Auszug aus den summarischen Entgeltgruppenbeschreibungen für die Handwerkerbranchen Elektrotechnik, Informationstechnik und Elektromaschinenbau

Analytische Arbeitsbewertung

Die analytische Arbeitsbewertung ist dagegen sehr viel differenzierter. Die Bewertung der Tätigkeit erfolgt anhand von drei bis sechs Anforderungsmerkmalen, die häufig noch durch Untermerkmale untergliedert werden. Diese Anforderungsmerkmale und ggf. Untermerkmale werden zunächst definiert. Anschließend werden für jedes Anforderungs- bzw. Untermerkmal Anforderungsniveaus oder -stufen beschrieben. Mithilfe dieser Merkmale und Stufen wird eine Tätigkeit – ebenfalls unabhängig von der Person, die diese ausführt – systematisch analysiert und bewertet. Im Folgenden ist ein Auszug aus einem analytischen Arbeitsbewertungsverfahren als Beispiel dargestellt, das die Anforderungsmerkmale und ihre Stufen enthält.

ANFORDERUNGS-MERKMAL	UNTERMERKMAL	STUFE	STUFENBESCHREIBUNG	PUNKTWERT
1. KENNTNISSE/ QUALIFIKATION	1.1 Fachliche/formale Qualifikation	3	abgeschlossene Ausbildung 3 Jahre	12
		4	3 Jahre Ausbildung und zusätzliche Spezialkenntnisse, die i. d. R. durch folgende Abschlüsse erworben werden: z. B. Techniker, Betriebswirt Berufsakademie, …	15
		5	Fachhochschulabschluss; Bachelor	18
	1.2 Notwendige Berufserfahrung	1	keine bzw. bis ein Jahr	0
		2	1 bis 3 Jahre tätigkeitsrelevante Berufserfahrung	3
		3	mehr als 3 Jahre tätigkeitsrelevante Berufserfahrung	6
		…	…	…
2. SOZIALE KOMPETENZ		1	kein oder nur gelegentlicher Kontakt mit Kunden und Kollegen	2
		2	…	4
		…	…	…
3. MITARBEITER-FÜHRUNG		1	keine Mitarbeiterführung	0
		2	fachliche Führung von Mitarbeitern	3
		3	disziplinarische Führung von Mitarbeitern	8
4. VERANT-WORTUNG		1	Verantwortung für die eigene, im Detail vorgegebene Arbeit	2
		2	Verantwortung für die eigene im Wesentlichen vorgegebene Arbeit	5
		3	…	…

Auszug aus einem analytischen Arbeitsbewertungsverfahren

Wie aus dem Beispiel ersichtlich ist, werden in einem weiteren Schritt den Stufen der Anforderungs-/Untermerkmale Punktwerte zugeordnet. Diese Zuordnung der Punkte erfolgt so, dass eine unterschiedliche Gewichtung der Anforderungs-/Untermerkmale festgelegt wird.

Bei der Bewertung einer Tätigkeit werden nun für jedes Anforderungs-/Untermerkmal das zutreffende Anforderungsniveau und der entsprechende Punktwert ermittelt. Die Summe dieser Punkte ergibt letztlich den Wert der Tätigkeit, den sogenannten Arbeitswert.

Vergleicht man das summarische mit dem analytischen Arbeitsbewertungsverfahren, so wird deutlich, dass das analytische Arbeitsbewertungsverfahren sicher genauer misst, da es eine größere Zahl von Anforderungs-/Untermerkmalen und exakte Stufenbeschreibungen verwendet. Dies bedeutet aber auch, dass der Aufwand zur Ermittlung des Arbeitswertes wesentlich höher ist als beim summarischen Verfahren. Auch erfordert das analytische Verfahren eine ständige Pflege und Kontrolle des Systems sowie eine umfangreiche Unterweisung der Mitarbeiter, die die Arbeitsbewertung vornehmen. Das analytische Verfahren sollte daher in erster Linie dort angewendet werden, wo Tätigkeiten durch drei oder mehr Anforderungen gekennzeichnet sind und eine größere Anzahl von Mitarbeitern diese Arbeitsaufgaben ausführen, sodass eine feine Differenzierung und der damit verbundene Aufwand sinnvoll sind.

Tätigkeits- oder Stellenbeschreibung und -analyse – wichtige Hilfsmittel für die Arbeitsbewertung

Bei der Einführung eines neuen Grundvergütungssystems, verbunden mit der Anwendung einer summarischen oder analytischen Arbeitsbewertung, stellt die Tätigkeits- oder Stellenbeschreibung ein wichtiges Hilfsmittel dar. In der Stellenbeschreibung sind die wesentlichen Aspekte einer Tätigkeit – unabhängig davon, welcher Mitarbeiter sie ausführt – dokumentiert. Dazu gehören z. B. die genaue Bezeichnung der Tätigkeit, ihre Einordnung im Arbeitsprozess sowie die wesentlichen Arbeitsaufgaben. Eine solche Stellenbeschreibung, die für die Tätigkeiten in einem Betrieb nach einem einheitlichen Muster vorgenommen werden sollte, dient nicht nur der Arbeitsbewertung, sondern beispielsweise auch der Personalabteilung als Grundlage für die Stellenausschreibung oder auch dem Mitarbeiter als schriftliche Information über die mit seiner Tätigkeit verbundenen Arbeitsaufgaben. Zugleich lassen sich mithilfe der Stellenbeschreibung Tätigkeiten klar voneinander abgrenzen. Ein **Muster für eine Stellenbeschreibung** enthält die nachfolgende Abbildung.
In einem zweiten Schritt sollte für jede Stellen- oder Tätigkeitsbeschreibung auch eine Analyse erstellt werden. In dieser Analyse ist festgehalten, welche Anforderungen die Tätigkeit an den oder die ausführenden Mitarbeiter stellt. So wird beispielsweise das erforderliche Qualifikationsniveau angegeben, aber auch inwieweit Verantwortung für unterstellte Mitarbeiter oder für Budgets zu übernehmen ist. Bei der Durchführung dieser Analyse ist es oft hilfreich, sich zu überlegen, welche Voraussetzungen ein Mitarbeiter erfüllen sollte, wenn man diese Stelle für eine Neubesetzung ausschreibt. Damit gelingt es oft besser, bei der Analyse rein tätigkeitsorientiert vorzugehen. Ein **Muster für eine Stellenanalyse,** die in der Regel eine weitere Seite der Stellenbeschreibung darstellt, findet sich auf Seite 46.

Tätigkeits-/Arbeitsaufgaben-/Stellenbeschreibung
Bezeichnung der Tätigkeit:
Organisatorische Einordnung: Bereich: Abteilung:
Arbeitsaufgabe: (Tätigkeit in Kurzform/Hauptziele der Tätigkeit)
Einordnung der Stelle: Vorgesetzte Stelle: Unmittelbar Unterstellte:
Beschreibung der wichtigsten Arbeitsaufgaben: Regelmäßige Arbeitsaufgaben:
Temporäre Zusatzaufgaben:

Muster für eine Arbeitsaufgaben- oder Stellenbeschreibung

Stellenanalyse und -bewertung

Stellenbezogenes Anforderungsprofil

1. Fachliche Kompetenz

- **Kenntnisse und Fertigkeiten:**
  - ☐ **keine Kenntnisse**
  - ☐ **Anlernen:**
    - ○ Einweisung von einer bis zu vier Wochen
    - ○ Anlernen von mehr als vier Wochen bis zu einem Jahr
    - ○ …
  - ☐ **Ausbildung:**
    - ○ 1-jährige Ausbildung, Abschluss als …
    - ○ 2-jährige Ausbildung, Abschluss als …
    - ○ 2,5- bis 3-jährige Ausbildung, Abschluss als …
    - ○ Fachschulausbildung, Dauer und Abschluss als …
    - ○ …
  - ☐ **Studium:**
    - ○ i. d. R. 3-jähriges (Fach-)Hochschulstudium, Abschluss als …
    - ○ i. d. R. 5-jähriges (Fach-)Hochschulstudium, Abschluss als …
    - ○ …
- **Zusätzliche Fachkenntnisse:**
  - ☐ **nein**
  - ☐ **ja**

Welche? (Bezeichnung der Qualifikation/des Abschlusses)

- **Berufserfahrung**
  - ☐ **keine Erfahrung**
  - ☐ **1 bis 3 Jahre Erfahrung**
  - ☐ **mehr als 3 bis 5 Jahre Erfahrung**
  - ☐ **mehr als 5 Jahre Erfahrung**

2. Verantwortung

- ☐ **keine Übernahme von Verantwortung erforderlich**
- ☐ **Übernahme fachlicher Verantwortung erforderlich**
- ☐ **Übernahme disziplinarischer Verantwortung erforderlich**

3. Bemerkungen

(weitere eingruppierungsrelevante Daten wie z. B. besondere Verpflichtungen, Unterschriftsberechtigungen)

Vergütungsgruppe:

Erstellt von:	**Datum:**

Muster für eine Tätigkeits-/Stellenanalyse und -bewertung

Vom Arbeitswert zur Vergütungsgruppe

Hat man mittels analytischer Arbeitsbewertung den Arbeitswert einer Tätigkeit ermittelt, so ist dies die Grundlage für die Festlegung der jeweiligen Grundvergütung. Bei dieser Alternative werden wie beim summarischen System Vergütungsgruppen gebildet, denen hier nicht Vergütungsgruppenbeschreibungen, sondern Spannen von Arbeitswerten zugeordnet werden. Dies ist beispielhaft in der nachfolgenden Tabelle dargestellt. Das bedeutet: Nach Ermittlung des Arbeitswertes ist zu prüfen, welcher Vergütungsgruppe dieser Arbeitswert entspricht; demzufolge erhält der Mitarbeiter dann das der jeweiligen Vergütungsgruppe entsprechende Entgelt. Die Festlegung der Anzahl der Vergütungsgruppen sowie die Zuordnung und Gestaltung der Arbeitswertspannen ist im Unternehmen mithilfe praktischer Tätigkeitsbeispiele vorzunehmen.

Vergütungsgruppe	Alternative A Arbeitswertspanne linear	Alternative B Arbeitswertspanne progressiv
1	0 - 10	0 - 6
2	11 - 20	7 - 13
3	21 - 30	14 - 21
4	31 - 40	22 - 30
5	41 - 50	31 - 40
6	51 - 60	41 - 51
7	61 - 70	52 - 63
8	71 - 80	64 - 76
9	81 - 90	77 - 90
10	91 - 100	> 91

Bündelung der Punkte zu Vergütungsgruppen (beispielhaft zwei Alternativen)

Diese Bündelung der Punkte, anstelle einer Zuordnung von Euro-Beträgen zu Punkten, hat den Vorteil, dass bei geringfügigen Änderungen der Arbeitsaufgabe nicht immer auch eine Veränderung der Vergütungsgruppe und der Vergütung erfolgen muss. Bleibt der Arbeitswert nach wie vor innerhalb der bisherigen Spanne, so verändert sich nichts.

Von der Vergütungsgruppe zur Vergütung

Unabhängig davon, ob die Zuordnung der Tätigkeit zu einer Vergütungsgruppe mithilfe der summarischen Vergütungsgruppenbeschreibungen oder über den Arbeitswert aufgrund einer analytischen Arbeitsbewertung erfolgt, ist der Weg von der Vergütungsgruppe zur Vergütung der gleiche.

Eine Vergütungstabelle ist festzulegen, in der der jeweiligen Vergütungsgruppe Euro-Beträge zugeordnet sind.

Hier ergeben sich umfangreiche Gestaltungsspielräume, die in der Praxis oft noch dahingehend erweitert werden, dass für jede Vergütungsgruppe zusätzlich Stufen eingefügt werden, die als sogenannte Entwicklungs- oder Erfahrungsstufen eine Steigerung des Grundentgeltes mit zunehmender Betriebszugehörigkeit oder einschlägiger Berufserfahrung ermöglichen. Mithilfe von Simulationen ist die Vergütungstabelle so zu erarbeiten, dass sie den Prämissen entspricht, die zuvor in dem Handwerksbetrieb bezüglich der Kosten des neuen Vergütungssystems sowie der Absicherung der Mitarbeiter gesetzt wurden.

Beispielhaft wird nachfolgend eine Vergütungstabelle mit Eingangs-, Haupt- und Zusatzstufe gezeigt, in der zunächst nur das prozentuale Verhältnis der Entgeltgruppen und -stufen zueinander dargestellt ist.

Indem man der 100%-Stufe (Entgeltgruppe 1, Eingangsstufe) einen Euro-Betrag zuweist, lassen sich die weiteren Euro-Beträge errechnen.

Vergütungsgruppe	**Eingangsstufe bis 6 Monate**	**Hauptstufe > 6 Monate bis 2 Jahre**	**Zusatzstufe > 2 Jahre**
1	100 %	105 %	115 %
2	120 %	125 %	135 %
3	140 %	148 %	160 %
4	170 %	178 %	190 %
5	200 %	208 %	220 %
6	230 %	240 %	260 %
7	270 %	280 %	300 %
8	310 %	320 %	340 %
9	350 %	363 %	388 %
10	400 %	415 %	445 %

Vergütungstabelle mit drei Stufen je Vergütungsgruppe (die Prozent-Werte sind beispielhaft)

5.2 Leistungsentgelt

Die Erfassung der Leistung der Mitarbeiter kann grundsätzlich durch zwei Methoden erfolgen. Die Leistung kann bewertet oder gemessen werden. In diesem Zusammenhang ist auch festzulegen, ob jeweils die Leistung eines Mitarbeiters, die eines Teams oder von Mitarbeiter und Team erfasst wird. In der Regel erfolgt die Leistungsbewertung für jeden Mitarbeiter individuell und die Leistungserfassung der Teams aufgrund einer Leistungsmessung.

Eine weitere Art des Leistungsentgeltes ist die Zielvereinbarung, sie kombiniert häufig messbare (harte) und bewertbare (weiche) Leistungskriterien. Die Ziele werden für einen bestimmten Zeitraum vereinbart und die gesetzten Ziele mit der Zielerreichung am Ende des Zeitraums verglichen. Ziele können für Mitarbeiter oder Teams definiert werden. In einer Zielvereinbarung können aber auch individuelle Mitarbeiterziele und Teamziele vereinbart werden.

5.2.1 Systematische Leistungsbewertung

Die Leistungsbewertung ist ein Verfahren zur Ermittlung einer leistungsgerechten Vergütung aufgrund der Bewertung des Leistungsverhaltens des Mitarbeiters. Die Leistungsbewertung kommt in erster Linie dort zur Anwendung, wo keine sinnvollen Kennzahlen zur Bemessung des Leistungsbeitrags eines Mitarbeiters oder von Mitarbeitergruppen vorliegen oder sie nur mit unverhältnismäßig hohem Aufwand ermittelt werden können.

Die Leistungsbewertung stößt sowohl in der Literatur als auch in der Praxis nicht selten auf Ablehnung. Ihre Gegner weisen auf den häufig angeführten „Nasenfaktor" und damit das Problem der Subjektivität von Beurteilungen hin. Die Befürworter stellen dagegen den positiven Effekt der ausführlichen Mitarbeitergespräche sowie die Möglichkeit, auch nicht messbare Kriterien in die Bewertung einzubeziehen, heraus.

Die systematische Leistungsbewertung hat durchaus ihre Berechtigung. Leistungsunterschiede zwischen Mitarbeitern, die offensichtlich – aber nicht durch Kennzahlen zu erfassen – sind, können mit ihrer Hilfe unterschiedlich honoriert werden. Dadurch kann zum einen ein Leistungsanreiz geschaffen und zum anderen zu einer gerechten Vergütung beigetragen werden. So sollten Kritiker sich auch fragen: Wird man Mitarbeitern eher gerecht, wenn man auf Leistungs- und Entgeltdifferenzierung verzichtet?

Voraussetzung für eine erfolgreiche Leistungsbewertung ist, dass sie zur Unternehmenskultur passt sowie richtig gestaltet und angewandt wird. Der erforderliche Aufwand für eine erfolgreiche Nutzung der Leistungsbewertung rechtfertigt sich umso mehr, wenn man bedenkt, dass die Leistungsbewertung nicht nur als Mittel zur Ermittlung der Leistungszulage dient, wie die nachfolgende Abbildung zeigt.

Ziele der Leistungsbewertung

5.2.1.1 Gestaltung des Leistungsbewertungsverfahrens

In der Praxis wird die Leistungsbewertung zumeist dort angewandt, wo ein Messen der Leistung nicht möglich oder der dafür erforderliche Aufwand unverhältnismäßig hoch ist. Da das Leistungsergebnis nicht zahlenmäßig erfassbar ist, erfolgt die Bemessung der Leistung aufgrund der Beurteilung des Leistungsverhaltens des Mitarbeiters. Ein weiteres Anwendungsfeld für die Leistungsbewertung ergibt sich zudem dort, wo für ein Team ein Leistungsentgelt mittels Leistungsmessung ermittelt wurde, der individuelle Leistungsbeitrag der Teammitglieder jedoch zusätzlich per Leistungsbewertung erfasst wird, um danach das Team-Leistungsentgelt zu verteilen.

Um die Leistungsbeurteilung transparent und damit für den Mitarbeiter nachvollziehbar zu machen, sollte ihr ein klares analytisches Verfahren zugrunde gelegt werden. Das bedeutet, dass Leistungsmerkmale und Leistungsniveaus so festzulegen und mit Punktwerten zu verknüpfen sind, dass ein Leistungswert systematisch ermittelt werden kann. Auf diese Weise wird der häufig vermuteten Subjektivität bei der Beurteilung entgegengewirkt und zugleich eine höhere Akzeptanz bei den Mitarbeitern erzielt.

Leistungsmerkmale

Die Gestaltung eines Leistungsbewertungsverfahrens beginnt daher mit der Auswahl der Leistungsmerkmale.

Die Leistung der Mitarbeiter schlägt sich letztlich immer im Ergebnis nieder, d. h. in der Quantität und der Qualität der Arbeit. Es ist aber auch wichtig, wie dieses Ergebnis zustande kam. Die Zusammenarbeit mit Kollegen und der Umgang mit Kunden und Lieferanten sind zum Beispiel wesentliche Bestandteile der Arbeit und damit auch der Leistung der Mitarbeiter. Was hilft es dem Handwerker, wenn die Arbeitsleistung gut war, der Mitarbeiter beim Kunden aber nicht korrekt aufgetreten ist, der Kunde deshalb zukünftig verloren ist und das Image des Handwerksbetriebs leidet?

Das heißt, die Leistungsmerkmale sind so auszuwählen, dass sie zum einen als Beurteilungskriterien dienen, zum anderen aber auch zum Ausdruck bringen, welche Arten von Leistung vom jeweiligen Mitarbeiter zu erbringen sind. Sie veranschaulichen dem Mitarbeiter, worauf es bei seiner Arbeit ankommt.

Dies kann dazu führen, dass die Leistungsmerkmale auf verschiedene Mitarbeitergruppen zugeschnitten sind, z. B. Mitarbeiter mit und ohne Führungsaufgaben oder Mitarbeiter mit und ohne direkten Kundenkontakt.

In der Praxis hat sich gezeigt, dass es sinnvoll ist, zielgruppenspezifisch unterschiedliche Beurteilungskriterien bei der Leistungsbewertung von Mitarbeitern und Führungskräften zu wählen. Die Leistungsmerkmale sollen überschneidungsfrei sein, damit man nicht zweimal das Gleiche bewertet, z. B. die Merkmale Arbeitsqualität und Arbeitssorgfalt.

Die Zahl der Leistungsmerkmale variiert in der Praxis, jedoch sollte sie i. d. R. sieben Leistungsmerkmale nicht überschreiten, um überschneidungsfrei und überschaubar zu sein.

Stufung der Leistungsmerkmale

Nach Festlegung der Leistungsmerkmale ist der Grad der Leistungserfüllung je Merkmal festzulegen. Hierzu werden Leistungsstufen mit entsprechenden Leistungsniveaus gewählt und beschrieben. Die Zahl dieser Stufen liegt üblicherweise zwischen drei und fünf. Die Beschreibung des Leistungsniveaus je Stufe kann allgemein oder merkmalspezifisch sein.

Sehr häufig werden allgemeine Stufenbeschreibungen verwendet, wie die nachfolgende Tabelle zeigt.

Leistungsmerkmal	Stufenbeschreibung für alle Leistungsmerkmale	
Stufenbeschreibungen gelten für alle Leistungsmerkmale	1	Erfüllt die Leistungserwartungen häufig nicht.
	2	Erfüllt die Leistungserwartungen fast immer.
	3	Erfüllt die Leistungserwartungen in vollem Umfang.
	4	Übertrifft die Leistungserwartungen.
	5	Übertrifft die Leistungserwartungen in besonderem Umfang.

Beispiel für merkmalsunabhängige Beschreibung der Stufen

Eine merkmalsunabhängige Stufenbeschreibung ist allgemein gültig, d. h., für jedes Leistungsmerkmal gelten die gleichen Stufenbeschreibungen; sie gibt dem Beurteiler jedoch keine konkreten Hinweise zur Einschätzung des Leistungsniveaus. Hier ist es im Rahmen von Schulungen zur Durchführung der Leistungsbeurteilung oder durch dem Verfahren beigefügte Erläuterungen sinnvoll, die allgemeinen Stufenbeschreibungen mit Beispielen zu belegen. Auf diese Weise wird eine gewisse „Eichung“ der Beurteiler ermöglicht.

»Erfolg als Ansporn zu nehmen ist besser, als sich auf den Lorbeeren auszuruhen.«

(Eckhard Eyer)

Eine weitere Variante der Stufenbeschreibungen, die merkmalspezifische Stufenbeschreibung, erfordert bei der Gestaltung des Verfahrens den weitaus größten Aufwand, bietet aber für die Beurteiler auch klare Hilfen zur einheitlichen Einschätzung der Leistungsniveaus. Ein Beispiel für eine solche merkmalsspezifische Beschreibung der Stufen enthält die folgende Tabelle.

Leistungsmerkmal	Stufenbeschreibung	
Kooperationsverhalten	1	Geringe Bereitschaft, auf Anforderung andere zu unterstützen.
	2	Bereitschaft, auf Aufforderung andere zu unterstützen; ausreichende Weitergabe von notwendigen Informationen; selten Annahme von Kritik.
	3	Bereitschaft, in der Regel andere zu unterstützen; in der Regel Weitergabe von notwendigen und ergänzenden Informationen; in der Regel Annahme von Kritik.
	4	Häufiges Erkennen von Unterstützungsbedarf und Hilfeleistung im Team ohne Aufforderung; zuverlässige Weitergabe sachdienlicher Informationen; Annahme und Umsetzung von Kritik.
	5	Jederzeitiges Erkennen von Unterstützungsbedarf und Hilfeleistung im eigenen sowie in anderen Teams; zuverlässige Weitergabe sachdienlicher Informationen innerhalb des Teams, aber auch an andere Informationsempfänger; Annahme von Kritik als Hilfe und Umsetzung.

Beispiel für eine merkmalspezifische Stufenbeschreibung

Bei der Bewertung einer Leistung prüft der Bewerter, in der Regel die direkte disziplinarische Führungskraft, anhand der Stufenbeschreibungen eines Leistungsmerkmals, inwieweit die Leistung des Mitarbeiters einer der Stufen entspricht, und nimmt daraufhin seine Zuordnung vor. Eine so konkrete Stufenbeschreibung zeigt einerseits dem Mitarbeiter, welches Leistungsniveau von ihm verlangt wird, und hilft andererseits dem Bewerter bei der Begründung seiner Bewertung. Auf diese Weise wird eine möglichst große Objektivität des Verfahrens erzielt und die Akzeptanz der Ergebnisse erhöht.

Gewichtung

Eine Gewichtung der Leistungsmerkmale sollte dann vorgenommen werden, wenn die Erfüllung der einzelnen Leistungsaspekte für die Tätigkeit nicht von gleicher Bedeutung ist, wenn also einzelne Leistungsaspekte in Relation zu den anderen besonders hervorgehoben und letztlich auch honoriert werden sollen. So könnte beispielsweise bei einer Führungskraft dem Leistungsmerkmal „Führungsverhalten" erhöhte Bedeutung beigemessen werden. Im nachfolgenden Beispiel ist die Arbeitsquantität mit maximal 12 Punkten dreimal so stark gewichtet wie die Zusammenarbeit mit maximal 4 Punkten.

Leistungsmerkmale	Stufen					Punkte
	1	2	3	4	5	
Arbeitsquantität	0	3	6	9	12	
Qualitätsverhalten	0	2	4	6	8	
Initiative & Engagement	0	1	2	3	4	
Zusammenarbeit	0	1	2	3	4	
Punktsumme:						

Gewichtung der Leistungsmerkmale

5.2.1.2 Anwendung des Leistungsbewertungsverfahrens

Nachdem die Gestaltung des Leistungsbewertungsverfahrens abgeschlossen ist, ist seine Anwendung zu regeln.

Bewerter

Zunächst ist festzulegen, wer die Bewertung der Leistung durchführt. Dies kann nur durch Personen erfolgen, die einen guten Einblick in die Arbeit des zu bewerteten Mitarbeiters haben. Grundsätzlich bieten sich hier fünf Möglichkeiten an:

Selbstbewertung durch den Mitarbeiter,

Fremdbewertung durch die Führungskraft,

Fremd- und Selbstbewertung,

Teambewertung durch die Teamkollegen sowie

360°-Bewertung durch die Teamkollegen, Führungskraft, Lieferanten und Kunden.

„Jeder kennt sich selbst am besten“, könnte man denken und daher für eine Selbstbewertung des Mitarbeiters plädieren. Diese Möglichkeit ist grundsätzlich gegeben; ihr Ergebnis wirft jedoch häufig Probleme auf. Bei Anwendungen in der Praxis hat sich zwar gezeigt, dass es keineswegs so ist, dass Selbstbewertungen immer zu einem tendenziell besseren Ergebnis für den Mitarbeiter führen. Schwierig kann es jedoch bei der Akzeptanz der Einschätzungen bei Kollegen und Führungskräften werden, da häufig eine zu positive Bewertung unterstellt wird.

Bei der Fremdbewertung bewertet in der Regel die direkte Führungskraft die Arbeit des Mitarbeiters. Voraussetzung ist, dass sie einen guten Einblick in die Tätigkeit des zu Bewertenden hat. Ist dies nicht der Fall, so muss ein anderer Bewerter bestimmt werden. In der Praxis kommt es auch vor, dass zwei Bewerter die Leistungsbewertung durchführen, um ihre Einschätzung miteinander abzustimmen und sich gegebenenfalls gegenseitig zu korrigieren. Dies soll dem sogenannten „Nasenfaktor", d. h. der Bevorzugung oder Zurücksetzung eines Mitarbeiters aufgrund persönlicher Vorlieben oder Abneigungen, entgegenwirken, erfordert jedoch einen deutlich höheren Aufwand.

Bei der Kombination von Fremd- und Selbstbeurteilung führen sowohl der Fremdbewerter, in der Regel die direkte Führungskraft, als auch der Mitarbeiter selbst eine Leistungsbewertung durch. Dies setzt zum einen einen höheren Schulungsaufwand als die zuvor genannte Variante voraus, da auch die Mitarbeiter ausführlich mit der Anwendung des Leistungsbewertungsverfahrens vertraut gemacht werden müssen. Auf der anderen Seite erhöht die Selbstbewertung jedoch den Nutzen des Mitarbeitergesprächs, da beide Seiten kompetent miteinander auf Augenhöhe reden können.

Im Kontext von Good Pay wird häufig die 360°-Bewertung eingesetzt, d. h., Führungskraft, Kollegen, Kunden, Testkunden und Lieferanten nehmen die Bewertung der Leistung des Mitarbeiters vor. Das aufwendige und transparente Vorgehen wird gerne in „basisdemokratisch" organisierten Start-ups angewandt. Es hat sich jedoch in deutschen Unternehmen – in denen bereits vor Jahren damit auch experimentiert wurde – nicht durchgesetzt. Wendet man die 360°-Bewertung an, muss sie zur Offenheit und Kultur des Unternehmens passen.

Die Teambewertung wird im Zuge von New Work häufig präferiert, weil es zur Unternehmenskultur und den Werten der Generation Y und Z passt. Bei dieser Aussage ist immer der Kontext der Unternehmen, zu berücksichtigen. Nicht selten sind es kleine Unternehmen mit jungen Mitarbeitern, die ein Faible für basisdemokratische Lösungen haben. In diesem Kontext kann die Teambewertung eine geeignete Methode zur Leistungsbewertung sein, die auch eine gewisse intersubjektive Nachvollziehbarkeit der Bewertung erlaubt. Dieses Vorgehen stellt einen hohen Anspruch an die soziale Kompetenz der Mitarbeiter und fordert eine gehörige Portion Kritikfähigkeit und Selbstreflexion.

In der Literatur werden die Teambewertung und die 360°-Bewertung häufig umfassend beschrieben, in der Praxis jedoch aufgrund des Aufwands und vor allem der potenziellen Verletzungen und möglichen Demotivation, bei fehlender sozialer Kompetenz, sehr selten angewandt.

Leistungszeiträume

Für die Festlegung, in welcher Häufigkeit die Leistungsbewertung durchgeführt werden sollte, sind insbesondere drei Aspekte zu berücksichtigen:

Der erforderliche Aufwand ist hoch; insbesondere die Führung der Mitarbeitergespräche, in denen das Bewertungsergebnis präsentiert und diskutiert wird, erfordert viel Zeit und Vorbereitung. Hier ist auch die Zahl der Mitarbeiter zu bedenken, deren Leistung von einem Bewerter bewertet werden muss.

Bei der Leistungsbewertung handelt es sich um ein Instrument der variablen Vergütung, das der Mitarbeitermotivation dienen soll. Daher ist eine zeitnahe Koppelung von Leistung und Leistungsentgelt anzustreben. Eine deutliche Verschlechterung oder auch Verbesserung der Leistung sollte sich spürbar in der Vergütung widerspiegeln. Zu lange Zeiträume zwischen der Leistungserbringung und der Auswirkung auf die Vergütung reduzieren den Motivationseffekt.

In der Regel werden die Leistungsbeurteilungsgespräche jährlich durchgeführt, seltener halbjährlich. Eine häufigere Bewertung der Leistung findet in der Praxis praktisch nicht statt.

Leistungszeiträume: Keine Regel ohne Ausnahme!

Wie immer im Leben gibt es auch bei dem üblicherweise praktizierten zeitraumbezogenen Zielvereinbarungen Ausnahmen, die Spotboni:

Im Kontext von Good Pay wird oft anstelle der beschriebenen zeitraumbezogenen Betrachtung eine ereignisbezogene Betrachtung präferiert. Es wird dann von sogenannten Spotboni gesprochen, die Führungskräfte bei besonders guten Leistungen spontan vergeben können. Diese Spotboni verbinden nicht selten das Ergebnis direkt mit der Belohnung, z. B. ein Warengutschein oder drei Tage bezahlten Sonderurlaub aufgrund einer besonders guten Leistung. Auf den ersten Blick ist dieses Vorgehen administrativ einfach. Die Mitarbeiter werden jedoch beobachten, wer für welche besondere Leistung was bekommt, und immer wieder diskutieren, ob die Spotboni angemessen und gerecht sind. Sie diskutieren auch, welche Führungskräfte großzügig und welche vergleichsweise streng sind. Ist der Handwerksbetrieb überschaubar und der Handwerksmeister entscheidet bei der Vergabe der Spotboni mit gleichem Maßstab für alle Mitarbeiter, dann sind Spotboni eine gute Alternative zur zeitraumbezogenen Leistungsvergütung. Spotboni können für Teams und einzelne Mitarbeiter vergeben werden.

Mitarbeitergespräch

Das Mitarbeitergespräch ist ein wesentlicher Bestandteil der Leistungsbewertung im Rahmen der Personalführung und -entwicklung. Es dient dazu, im Gespräch zwischen Bewerter und zu Bewertendem Stärken und Schwächen des zu Bewertenden aufzuzeigen, Ursachen für Minderleistung zu ergründen und Maßnahmen zur Beseitigung von Schwächen und zur Förderung der Stärken abzustimmen und einzuleiten.

Es sollte in ruhiger und ungestörter Atmosphäre mit angemessener Vorankündigung stattfinden, sodass sich beide Gesprächspartner darauf vorbereiten können.

Anhand des betrieblichen Leistungsbewertungsbogens sollten die Bewertungsergebnisse besprochen und begründet werden. Hierbei ist sachliche und konstruktive Kritik erwünscht, die sich auf die Arbeit des Bewerteten und seine dabei erbrachte Leistung bezieht.

Zum Abschluss des Gespräches unterzeichnen beide Gesprächspartner zum Zeichen ihres Einverständnisses den Bewertungsbogen, der zur Dokumentation des Ergebnisses an die Personalabteilung weitergeleitet wird.

Leistungsmerkmale	**Stufen**					**Punkte**
	1	**2**	**3**	**4**	**5**	
Arbeitsquantität	0	3	6	9	12	9
Qualitätsverhalten	0	2	4	6	8	8
Initiative & Engagement	0	1	2	3	4	1
Zusammenarbeit	0	1	2	3	4	2
Punktsumme:						**20**
Führungskraft/Bewerter:		Mitarbeiter/Bewerteter:				

Ausgefüllter Bewertungsbogen

Reklamationsmöglichkeiten

Mitarbeiter, die mit ihrer Bewertung nicht einverstanden sind, haben ein Widerspruchsrecht. Das entsprechende Vorgehen ist in der Beschreibung der Spielregeln zur Leistungsbeurteilung festzulegen. In der Regel wird in einem weiteren Mitarbeitergespräch ein zusätzlicher Bewerter – häufig die nächsthöhere Führungskraft –, die ausreichend Einsicht in die Arbeit des Mitarbeiters haben muss, hinzugezogen. Aufseiten des Mitarbeiters kann auch ein Kollege oder ein Mitglied des Betriebsrats hinzugezogen werden.

5.2.1.3 Berechnung der Leistungsvergütung

Wurde die Leistung eines Mitarbeiters mithilfe der Leistungsbewertung erfasst, indem man die Summe der je Leistungsmerkmal erzielten Punkte zu einer Punktsumme addiert hat, gilt es, die Leistungsvergütung zu berechnen.

Leistungszulage oder Leistungsprämie?

Zunächst ist festzulegen, ob es sich um eine Leistungszulage, d. h. um eine monatliche Leistungsvergütung in Ergänzung zum Grundentgelt, handeln soll oder um eine Leistungsprämie, die einmal jährlich oder halbjährlich – abhängig von der Häufigkeit der Leistungsbewertung – ausgezahlt wird.

Bei der Entscheidung für eine dieser beiden Möglichkeiten spielt zunächst das zur Verfügung stehende Volumen für die Leistungsvergütung eine wesentliche Rolle. Insbesondere wenn es sich nur um einen geringen Umfang handelt, sollte die Auszahlung per Einmalzahlung, also in Form einer Prämie, erfolgen, denn nur so kommt dann eine spürbare finanzielle Auswirkung beim Mitarbeiter an.

Auch die Leistungsabhängigkeit des Geldes kommt bei dieser Form stärker zum Ausdruck, weil der Mitarbeiter sich nicht an die monatlichen Zahlungen „gewöhnt“. Die Prämie als Einmalzahlung fördert die Motivation der Mitarbeiter stärker. Sie hat darüber hinaus den Vorteil, dass sie nicht in die Lohnfortzahlung eingeht.

Verschiedene Vorgehensweisen zur Berechnung

Wesentliche Basis für die Festlegung der Leistungszulage/-prämie ist die aufgrund der systematischen Leistungsbewertung ermittelte Punktsumme.

Euro-Betrag je Leistungswert

Grundsätzlich gilt es, einen Euro-Betrag je Leistungspunkt festzulegen, sodass zur Ermittlung des Leistungsentgelts lediglich die Punktsumme und der Euro-Betrag miteinander multipliziert werden müssen. Die Berücksichtigung der zeitbedingten unterschiedlichen Leistungsbeiträge von Voll- und Teilzeitbeschäftigten kann ergänzend durch Multiplikation mit der individuellen Wochenarbeitszeit und Division durch die regelmäßige Wochenarbeitszeit von 40 Stunden ermittelt werden.

Bildung von Leistungswertspannen

Die am häufigsten in der Praxis angewandte Vorgehensweise ist die Bildung von Punktwertspannen und deren Verknüpfung mit Prozentsätzen, mithilfe derer das individuelle Leistungsentgelt in Abhängigkeit vom Grundentgelt unter Berücksichtigung der Arbeitszeit und vom erreichten Leistungswert errechnet wird. Die nachfolgende Abbildung zeigt beispielhaft die Bildung von gleichmäßigen Punktspannen, verbunden mit der Zuordnung entsprechender Prozentwerte, die sich auf die jeweilige Grundvergütung des Mitarbeiters beziehen.

Leistungswert-spannen	0 - 8	9 - 13	14 - 18	19 - 23	> 23
Prozentwerte	0 %	2,5 %	5 %	7,5 %	10 %

Leistungswertspannen und Prozentwerte

Diese Vorgehensweise beinhaltet mehrere wichtige Aspekte:

a) Durch den Bezug zur individuellen Grundvergütung des Mitarbeiters ist gewährleistet, dass die Leistungen von Teilzeitbeschäftigten in Relation der von ihnen geleisteten Arbeitszeit vergütet werden.

b) In die Berechnung der Leistungsvergütung geht so auch das Anforderungsprofil der Tätigkeit des Mitarbeiters ein. Während bei der zuvor beschriebenen Vorgehensweise „Euro-Betrag je Leistungswert“ dieser für alle Mitarbeiter gleich hoch ist und damit Differenzen im Leistungsentgelt zwischen Mitarbeitern nur durch die Höhe des erreichten Leistungswertes bestimmt werden, liegt dieser Vorgehensweise die Annahme zugrunde, dass der Leistungsbeitrag auch in Abhängigkeit der Arbeitsaufgabe zu vergüten ist. So erreicht beispielsweise eine angelernte Hilfskraft – bei gleichem Leistungswert – im Vergleich zum Vorarbeiter, der höher eingruppiert ist und damit eine höhere Grundvergütung erhält, eine geringere Leistungsvergütung. Es wird also davon ausgegangen, dass Tätigkeiten mit höheren Anforderungen auch eine höhere Wertschöpfung für das Unternehmen bringen.

c) Mit Erhöhungen des Grundentgeltes sind bei der prozentualen Leistungsvergütung zugleich auch „automatische" Erhöhungen des Leistungsentgelts verbunden, was aufseiten des Unternehmens zu entsprechenden Kostensteigerungen führt.

Topfmodell zur Verteilung der Leistungsvergütung
Eine weitere Vorgehensweise zur Berechnung von Leistungszulage oder -prämie ist dann notwendig, wenn das Leistungsentgeltvolumen aufgrund tariflicher Vorgaben oder unternehmerischer Entscheidung begrenzt wird, also ein sogenannter „Topf" für das Leistungsentgelt aller Mitarbeiter gebildet wird, der nicht überschritten werden darf.

Dann sind die Berechnungen des individuellen Leistungsentgelts so durchzuführen, dass die leistungsgerechten Relationen zum Tragen kommen, der Rahmen aber dennoch eingehalten wird. Auch hier ist es möglich, das individuelle Grundentgelt und die individuelle Arbeitszeit – vertraglich geschuldet oder tatsächlich gearbeitet – einzubeziehen.

Der Vorteil dieses Modells liegt in den begrenzten und berechenbaren Kosten für das Unternehmen. Sein Nachteil besteht darin, dass ein – nicht selten destruktiver – Wettbewerb besteht, denn es lohnt sich für Mitarbeiter finanziell, sich auf Kosten ihrer Kollegen zu profilieren. Systeme mit ergänzenden Win-win-Optionen – wie die Erfolgsbeteiligung – sind dem Topfmodell vorzuziehen.

5.2.2 Leistungsprämie aufgrund von Zielvereinbarungen

Alternativ zur systematischen Leistungsbewertung besteht die Möglichkeit, mit Mitarbeitern oder Mitarbeitergruppen Ziele für einen bestimmten Zeitraum zu vereinbaren, das Leistungsergebnis zu messen und mit den vereinbarten Zielen zu vergleichen. Der so erfasste Zielerreichungsgrad ist dann die Grundlage für die Bemessung der Höhe des Leistungsentgelts.

Eine Alternative zu den beschriebenen zeitraumbezogenen Zielen wären projektbezogene Ziele, die beim Erreichen der Projektziele, z. B. umfangreiche Arbeiten auf Großbaustellen o. Ä., erreicht werden. Man spricht in diesem Zusammenhang auch von Spotboni.

Einerseits erlauben Zielvereinbarungen den Mitarbeitern größere Handlungs- und Entscheidungsspielräume bei der Arbeitsausführung, andererseits richten sie die Arbeiten in allen Bereichen eines Unternehmens auf ein oder mehrere Ziele aus und stimmen sie aufeinander ab. Sie sind damit ein wichtiges Steuerungsinstrument im Unternehmen.

Ableitung und Abstimmung der Ziele

Will man ein Zielvereinbarungssystem einführen, so ist es wichtig, darauf zu achten, dass die Ziele innerhalb des Unternehmens sorgfältig aufeinander abgestimmt sind.

Ausgehend von den Leitzielen des Unternehmens werden zunächst sukzessive für die jeweils untergeordneten Ebenen der Aufbauorganisation Ziele abgeleitet (siehe nachfolgende Abbildung). Dem Mitarbeiter wird so vermittelt, dass er mit seiner Leistung einen wichtigen Beitrag zum Erreichen der Gesamtziele des Unternehmens leistet. Dies fördert das Verständnis für die eigenen Arbeitsaufgaben, erhöht die Motivation des Mitarbeiters und seine Identifikation mit dem Unternehmen.

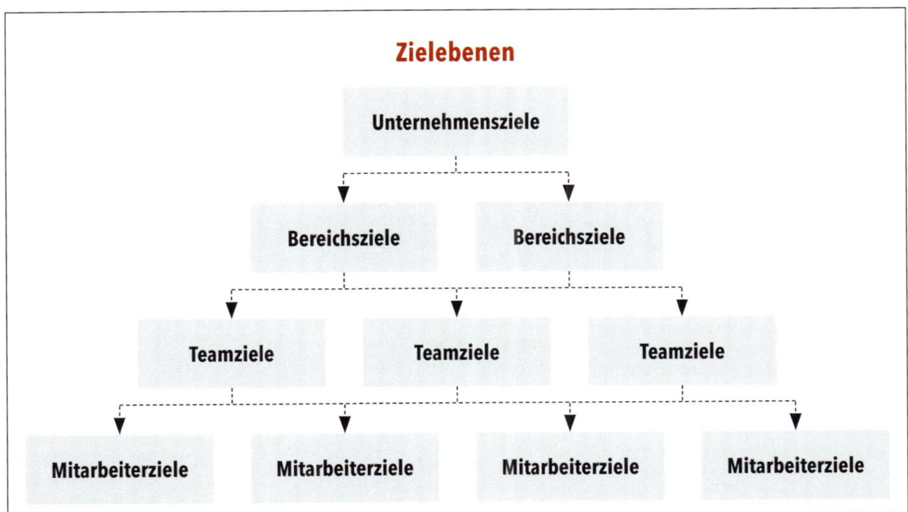

Zielhierarchie

Nachdem die Ableitung der Ziele vertikal, d. h. von den Unternehmens- oder Einrichtungszielen, bis hin zu den einzelnen Mitarbeiterzielen erfolgt ist, müssen im nächsten Schritt die Ziele horizontal abgeglichen werden. Hierbei ist insbesondere darauf zu achten, dass zum einen keine unerwünschten Überschneidungen, sondern vielmehr sinnvolle Ergänzungen zwischen den Zielkatalogen von Mitarbeitern oder Mitarbeitergruppen vorliegen und zum anderen die Ziele nicht in einer unangemessenen Konkurrenz zueinander stehen.

Anzahl der Ziele

Die Anzahl der Ziele sollte zwischen zwei und sieben liegen. Ziele setzen bedeutet, Tätigkeitsschwerpunkte für den Zielvereinbarungszeitraum aufzuzeigen. In der Praxis findet man selten mehr als fünf Ziele, weil dies eher zu einer Aufzählung von Arbeitsaufgaben führen würde als zu einer Setzung von Prioritäten für die Durchführung der Arbeitsaufgaben. Setzt man nur ein Ziel, so müsste sich der Mitarbeiter allein darauf konzentrieren, was aber in der Praxis nur selten vorkommt.

Zielarten

Grundsätzlich können für die Zielvereinbarung sowohl quantitative als auch qualitative Ziele gewählt werden. Quantitative Ziele (häufig auch „harte" Ziele genannt) beschreiben ein messbares Arbeitsergebnis, während sich qualitative Ziele (häufig auch „weiche" Ziele genannt) vorrangig auf angestrebte Verhaltensänderungen beziehen, die sich einer Messbarkeit entziehen. Beispiele für diese beiden Zielarten zeigt das folgende Schaubild.

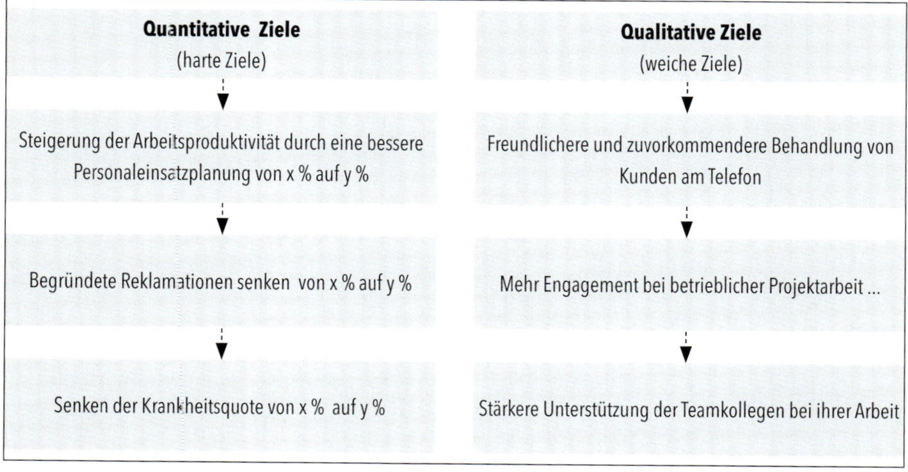

Zielarten

Anforderungen an die Formulierung von Zielen

Von entscheidender Bedeutung für den dauerhaften Erfolg einer Zielvereinbarungssystematik sind die Auswahl und die richtige Formulierung der Ziele. Es gibt eine ganze Reihe von Hilfsmitteln, mit denen man überprüfen kann, ob ein Ziel den Anforderungen an Zielauswahl und Zielformulierung genügt.

Eines dieser Hilfsmittel, das im Folgenden näher erläutert wird, ist das sogenannte „SMART-Prinzip“. Bei SMART handelt es sich um ein Akronym (= ein aus den Anfangsbuchstaben mehrerer Wörter gebildetes Wort), hinter dem sich fünf Anforderungen an Ziele bzw. an die Zielformulierung verbergen:

S = **s**pezifisch
M = **m**essbar
A = **a**nspruchsvoll
R = **r**ealistisch (also erreichbar)
T = **t**erminiert

»Für einen, der nicht weiß, welchen Hafen er ansteuern will, gibt es keinen günstigen Wind.«

(Lucius Annaeus Seneca)

Spezifisch:
Ein Ziel ist spezifisch, wenn klar formuliert ist, was im vorliegenden Fall erreicht werden soll.

Messbar:
Ein Ziel ist dann messbar, wenn Kriterien vorhanden sind, anhand derer die Zielerreichung genau festgestellt werden kann, d. h., wenn diese Kriterien in der Zielvereinbarung genau definiert sind.

Anspruchsvoll:
Ein Ziel ist dann anspruchsvoll, wenn die Erreichung des Ziels eine Herausforderung für den Mitarbeiter ist, die notwendige Leistung aber zumutbar und innerhalb der normalen Arbeitszeit zu erbringen ist.

Realistisch:
Ein Ziel ist dann realistisch, wenn der Mitarbeiter die Möglichkeit, die Ressourcen und den erforderlichen Handlungsspielraum hat, das Ziel weitgehend aus eigener Kraft zu erreichen. Das Wort weitgehend ist in diesem Zusammenhang von besonderer Bedeutung. Es gibt nämlich kein Ziel, das ein Mitarbeiter ausschließlich aus eigener Kraft erreichen kann.

Terminiert:
Ein Ziel ist dann terminiert, also zeitlich eingegrenzt, wenn der Zeitpunkt, zu dem das Ziel erreicht sein muss, genau definiert und dokumentiert ist. Gegebenenfalls werden auch die Zeitpunkte, an denen Zwischenschritte auf dem Weg zur Erreichung des Ziels (sogenannte „Meilensteine“) erreicht sein müssen, genau definiert und dokumentiert.

Beispiel für die Formulierung eines smarten Ziels

S	M	A	R	T
spezifisch	**messbar**	**anspruchsvoll**	**realistisch**	**terminiert**
Erhöhung der Kundenzufriedenheit durch eine schnellere Reaktionszeit auf Anfragen …	… auf schriftliche Anfragen eine Verkürzung der Reaktionszeit von 4 auf 2 Tage …	… für sämtliche Anfragen …	… mit maximal 7 Ausnahmen im Jahr …	… bis zum 31.12.2021
Ziel Erhöhung der Zufriedenheit der Kunden durch schnellere Reaktionszeit auf schriftliche Anfragen und eine Verkürzung von 4 auf 2 Tage für sämtliche Anfragen mit maximal 7 Ausnahmen im Geschäftsjahr 2021 vom 01.01.2021 bis zum 31.12.2021				

Beispiel für die Formulierung eines smarten Ziels

Stufen der Zielerreichung

Bei quantitativen Zielen liegen Kennzahlen vor, deren konkrete Höhe bezogen auf den Zielvereinbarungszeitraum und die gegebenen Rahmenbedingungen zu vereinbaren ist. Diese Kennzahlen können absolut definiert sein oder relativ. Absolut würde z. B. bedeuten, dass man die Anzahl von begründeten Reklamationen im Jahr auf 7 berechtigte Reklamationen als Ziel definiert. Relativ würde bedeuten, dass es bei nicht mehr als 1,5 % aller Aufträge im Jahr berechtigte Reklamationen gibt. Ziele mit relativen Kennzahlen bewähren sich in der Praxis besser.

Bei den qualitativen Zielen sind klar und eindeutig Kriterien bzw. Stufen zu formulieren, anhand derer nachzuvollziehen ist, inwieweit das jeweilige Ziel erreicht ist. Optimal ist es, wenn außerdem auch noch angegeben wird, unter welchen Bedingungen das Ziel als teilweise erreicht, als übererfüllt, als völlig verfehlt oder als weit übererfüllt gilt (siehe nachfolgend).

Individualziel	**Erarbeiten und Vorstellen eines ausgearbeiteten Konzeptes zur Einführung eines Qualitätsmanagementsystems bis 31.12.2022**	
Zielerreichungsgrad	125 %	Die Maßnahmen zur Kommunikation und Implementierung des Konzeptes sind erfolgreich umgesetzt.
	110 %	Das Konzept wird umgesetzt, Maßnahmen zur Kommunikation und Implementierung sind eingeleitet.
	100 %	Das ausgearbeitete Konzept wurde den Entscheidungsträgern vorgestellt.
	90 %	Das Konzept ist im Detail ausgearbeitet.
	75 %	Die Eckpunkte des Konzeptes sind erarbeitet.
Ergebnis		
Gewichtung	20 %	
Bemerkungen		

Beispiel für die Operationalisierung eines qualitativen Ziels

Grad der Zielerreichung **Stufe**	**Qualitatives Ziel:** Entwickeln und Vorstellen eines Qualitätsmanagementkonzeptes.	**Quantitatives Ziel:** Anzahl der berechtigten Reklamationen der Kunden.
1	Die Eckpunkte des Konzeptes sind erarbeitet.	3 %
2	Das Konzept ist im Detail ausgearbeitet.	2 %
3	Das ausgearbeitete Konzept wurde den Entscheidungsträgern vorgestellt.	1,5 %
4	Das Konzept wird umgesetzt, Maßnahmen zur Kommunikation und Implementierung sind eingeleitet.	1,0 %
5	Die Maßnahmen zur Kommunikation und Implementierung des Konzeptes sind erfolgreich umgesetzt.	< 1,0 %

Stufung der Zielerreichung bei quantitativem und qualitativem Ziel

Gewichtung der Ziele

Werden im Rahmen eines Zielvereinbarungsprozesses drei bis fünf Ziele festgelegt, so stellt sich die Frage, ob diese gleich wichtig oder von unterschiedlicher Bedeutung sind. In der Regel ist Letzteres der Fall, sodass es einer unterschiedlichen Gewichtung bedarf. Bei der Gewichtung ist darauf zu achten, dass alle Mitarbeiter bei 100 % Zielerreichung und bei maximaler Zielerreichung den gleichen Punktwert erreichen können.

Vorgehen zur Ermittlung der Zielerreichung

Am Ende des Zielvereinbarungszeitraums werden die gesetzten Ziele mit der erbrachten Leistung verglichen und der Grad der Zielerreichung festgestellt bzw. bewertet. Aufgrund des ermittelten Zielerreichungsgrades sowie der gewichteten Punktwerte je Stufe ergibt sich die Punktsumme je Mitarbeiter. Am nachfolgenden Beispiel soll der Prozess von der Zieldefinition bis zum Vergleich des Ziels mit dem erreichten Leistungsniveau deutlich gemacht werden:

Beispiel eines Baustellenleiters

Vereinbarung der Ziele

Das erste Ziel ist es, die Arbeitsproduktivität der Mitarbeiter von 83 % auf 85 % zu steigern. Das ist ein anspruchsvolles, aber realistisches Ziel. Die mit den Kunden vereinbarten Termine sollen zu 97 % eingehalten werden, z. B. bei Krankheit von Mitarbeitern durch die Nutzung der Jahresarbeitszeit der gesunden Mitarbeiter und deren zusätzlicher Arbeitszeit. Begründete Reklamationen sollen von 4 % auf 3 % reduziert werden, das erscheint aufgrund der ergriffenen Maßnahmen zur besseren Qualitätssicherung realistisch. Die Wertschöpfung je Arbeitsstunde soll um 4,5 % erhöht werden. Das ist aufgrund des verstärkten Technikeinsatzes und der Reduktion der Krankenstände und Fluktuation möglich.

Zielvereinbarungsbogen für 2021

Name: Herr/Frau ______________________, Baustellenleiter   Datum: 10.12.2020

Ziele	Kennzahlen/ Leistungsniveau	Leistungsstufen						Punkt-wert
		1	2	3	4	5	Gew.-Faktor	
Hohe Arbeitsproduktivität, z. B. durch gute Personaleinsatzplanung.	Soll: 85 % Ist:	0	1	2	3	4	4	
Vereinbarte Termine einhalten, Jahres-arbeitszeit nutzen.	Soll: 97 % Ist:	0	1	2	3	4	3	
Begründete Reklamationen reduzieren.	Soll: 3 % Ist:	0	1	2	3	4	1	
Wertschöpfung/Arbeitsstunde erhöhen.	Soll: 4,5 % Ist:	0	1	2	3	4	2	
Gesamtpunktwert								

Unterschrift der Führungskraft   *Unterschrift des Mitarbeiters*

Beispiel der Zielvereinbarung eines Baustellenleiters

Bewertung der Zielerreichung

Im vorliegenden Fall wurde die Arbeitsproduktivität überschritten, hierzu trugen die verbesserte Personaleinsatzplanung sowie der geringere Krankenstand und die geringere Fluktuation entscheidend bei.

Die vereinbarten Termine konnten dadurch auch besser eingehalten werden, ohne sehr stark auf die Jahresarbeitszeit zurückzugreifen.

Die begründeten Reklamationen verringerten sich, aber nicht im angestrebten Umfang.

Die Wertschöpfung je Arbeitsstunde erhöhte sich ähnlich wie die Arbeitsproduktivität.

Zielvereinbarungsbogen für 2021								
Name: Herr/Frau ______________, Baustellenleiter		Datum: 10.12.2020						
Ziele	Kennzahlen/ Leistungsniveau	Leistungsstufen						Punkt-wert
		1	2	3	4	5	Gew.-Faktor	
Hohe Arbeitsproduktivität, z. B. durch gute Personaleinsatzplanung.	Soll: 85 % Ist: 86 %	0	1	2	3	4	4	16
Vereinbarte Termine einhalten, Jahresarbeitszeit nutzen.	Soll: 97 % Ist: 96 %	0	1	2	3	4	3	9
Begründete Reklamationen reduzieren.	Soll: 3,0 % Ist: 2,5 %	0	1	2	3	4	1	1
Wertschöpfung/Arbeitsstunde erhöhen.	Soll: 4,5 % Ist: 3,8 %	0	1	2	3	4	2	6
Gesamtpunktwert								32
Unterschrift der Führungskraft		*Unterschrift des Mitarbeiters*						

Beispiel der Zielbewertung des Baustellenleiters

Im vorliegenden Beispiel wurden die grau hinterlegten Punkte erreicht. Aufgrund der Gewichtung der vier Ziele ergibt die Summe der gewichteten Punkte den Gesamtpunktwert von 32 Punkten.

Vom Leistungspunkt zur Leistungsprämie

Vom Gesamtpunktwert zur Leistungsprämie sind zwei unterschiedliche Wege – analog zur Leistungsbewertung – denkbar (Berechnung der Leistungszulage/-prämie). Bei Zielvereinbarungen wird i. d. R. das Leistungsentgelt als einmalige Leistungsprämie – auch Zielbonus genannt – gezahlt. Da das Geschäftsjahr i. d. R. das Kalenderjahr ist und die Ziele sich an der Geschäftsjahresplanung orientieren, erfolgt das Mitarbeitergespräch üblicherweise nach dem Vergleich der Ziele mit dem erreichten Leistungsniveau im Januar des Folgejahres. In diesen Gesprächen werden i. d. R. auch die Ziele für das laufende Jahr vereinbart. Nach dem Abschluss aller Zielvereinbarungsgespräche wird die Leistungsprämie üblicherweise im März oder April des auf den Zielvereinbarungszeitraum folgenden Jahres ausgezahlt.

Bedeutung der Rahmenbedingungen und Zielrevision

Bei der Zielvereinbarung liegen bestimmte Rahmenbedingungen sowie bestimmte Erwartungen zur weiteren Entwicklung dieser Rahmenbedingungen vor. Diese Bedingungen sowie die Erwartungen gehen indirekt in die Zielvereinbarung mit ein. Wenn sich nun die Entwicklung der Rahmenbedingungen in deutlich anderer Weise gestaltet als bei der Zielvereinbarung unterstellt, so kann es schwierig oder unmöglich werden, das Ziel zu erreichen - ohne dass der betreffende Mitarbeiter bzw. die betreffende Führungskraft dafür verantwortlich sind. Umgekehrt kann durch eine unerwartete Entwicklung der Rahmenbedingungen die Zielerreichung sehr viel leichter werden als ursprünglich vorgesehen, sodass das Ziel nicht mehr den SMART-Anforderungen genügt - zumindest nicht in dem Sinne, dass es weiterhin anspruchsvoll wäre.

Beispiele für veränderte Rahmenbedingungen

Aufgrund der Corona-Pandemie ist die Nachfrage weggebrochen, sodass die geplanten Umsätze nicht erreicht werden konnten und Kurzarbeit beantragt wurde.
Die Umsätze sind stark gestiegen, weil ein starker Mitbewerber am Markt, aufgrund der fehlgeschlagenen Betriebsübergabe, eine hohe Fluktuation hatte und als Wettbewerber für mehrere Monate praktisch ausfiel.
Der Qualitätsmanagementbeauftragte hatte sein Projekt zur Zertifizierung des Unternehmens entgegen seiner Zielvereinbarung nicht erfolgreich umgesetzt, weil seine geplanten Projektmitarbeiter von ihren Führungskräften nicht im erforderlichen Umfang für die Mitarbeit im Projekt freigestellt wurden.

Aus der Tatsache, dass mit einer Änderung der Rahmenbedingungen immer gerechnet werden muss, ergibt sich eine ganze Reihe von Folgerungen:

Ziele sollten nach Möglichkeit so gewählt und vereinbart werden, dass die Rahmenbedingungen voraussichtlich stabil bleiben. Umgekehrt bedeutet dies, dass Ziele, von denen man schon bei der Zielvereinbarung weiß, dass sich die Rahmenbedingungen vermutlich deutlich ändern werden, möglichst gar nicht vereinbart oder zumindest von vorneherein unter einen expliziten Vorbehalt gestellt werden sollten.

Ziele werden nicht als absolute Ziele (z. B. begründete Reklamationen auf maximal 7 Reklamationen senken) beschrieben, sondern als relative Kennzahl (z. B. begründete Reklamationen auf 1,5 % senken). Das relativ formulierte Ziel hätte auch infolge des Umsatzeinbruchs aufgrund von Corona und einer damit verbundenen Kurzarbeit Bestand, während das absolute Ziel, höchstens 7 begründete Reklamationen zu haben, nach unten korrigiert werden müsste.

Da die Zielvereinbarungsperiode in der Regel ein Jahr beträgt, also einen relativ langen Zeitraum umfasst, sollte mindestens einmal – i. d. R. zweimal – innerhalb dieses Jahres ein unterjähriges Zwischengespräch stattfinden, in dem auch überprüft wird, ob sich die Rahmenbedingungen in relevanter Weise geändert haben und ob infolgedessen eine Anpassung in der Zielvereinbarung vorgenommen werden muss.

Die Tatsache, dass die Rahmenbedingungen und deren Veränderung einen Einfluss auf die Zielerreichung haben, sollte in jedem Zielvereinbarungsgespräch berücksichtigt werden. Der Einfluss, den die Rahmenbedingungen auf die Zielerreichung genommen haben, lässt sich selten exakt quantifizieren. Auch das ist ein Argument dafür, bei der Festlegung des Zielerreichungsgrades einen gewissen Beurteilungsspielraum offen zu lassen.

Als Alternative können in den immer turbulenter werdenden Zeiten, die agile Unternehmen und eine hohe Flexibilität der Mitarbeiter erfordern, auch kürzere Zielvereinbarungszeiträume und/oder Teamziele vereinbart werden. Eine weitere Option ist die Erfolgsbeteiligung.

5.3 Beteiligung am wirtschaftlichen Erfolg des Unternehmens

Die Erfolgsbeteiligung ergänzt das Grundentgelt (Frage „Was für eine Tätigkeit wird ausgeführt?“) und das Leistungsentgelt („Wie wird die dem Mitarbeiter übertragene Tätigkeit ausgeführt?“) durch die Frage: „Wie erfolgreich werden alle den Mitarbeitern übertragenen Tätigkeiten im Unternehmen ausgeführt, und wie erfolgreich ist damit das Unternehmen?“ In der Regel knüpft die Erfolgsprämie an den wirtschaftlichen Erfolg des Unternehmens, nicht selten den Gewinn, an.

Formen der Erfolgsbeteiligung

Der Unternehmer entscheidet, ob er seine Mitarbeiter zur stärkeren Identifikation mit dem Unternehmen und einer höheren Motivation für die Arbeit am wirtschaftlichen Erfolg des Unternehmens beteiligen will. Wenn der Unternehmer sich dafür entscheidet, braucht er transparente Erfolgskennzahlen und Regeln für die Erfolgsbeteiligung der Mitarbeiter. Es hat sich bewährt, diese unter Beteiligung der Mitarbeiter in einer Projektgruppe zu erarbeiten und dann verbindlich bekannt zu geben.

In der Praxis unterscheidet man grundsätzlich zwischen einer Beteiligung aufgrund nicht monetärer Erfolgskennzahlen und monetärer Erfolgskennzahlen. Beispiele hierfür sind:

Nicht monetäre Erfolgskennzahlen
- Verhältnis der Anzahl der berechtigten Reklamationen zur Anzahl der Aufträge.
- Bewertung im Kundenbarometer der Handwerkskammer.
- Image des Handwerksbetriebs aufgrund des Imagebarometers.
- Feedback aufgrund von Kundenbefragungen und Testkunden.

Monetäre Erfolgskennzahlen
- Umsatz.
- Verhältnis von Qualitätskosten (Reklamationen, Garantie, Kulanz) zum Umsatz.
- Verhältnis von Umsatz zu den Personalkosten (Arbeitsproduktivität).
- Wertschöpfungsbeteiligung (Umsatz minus Vorleistungen) je Arbeitsstunde oder je Vollzeitarbeitskraft.
- Operatives Ergebnis.
- Bilanzgewinn (orientiert sich an dem ausgewiesenen Bilanzgewinn bzw. der Gewinn-und-Verlust-Rechnung des Unternehmens).

Welche Unternehmenskennzahlen der Unternehmer wählt, hängt auch davon ab, wie offen er gegenüber seinen Mitarbeitern mit den Ergebniskennzahlen (z. B. dem Gewinn) umgeht. Mitarbeiter und ihre Vertreter schätzen erfahrungsgemäß am meisten die nicht monetären Erfolgskennzahlen, weil diese Zahlen nicht gestaltbar bzw. manipulierbar sind und zeitnah vorliegen. Kritisch wird häufig die Gewinnbeteiligung gesehen, weil Gewinne durch die Gestaltung von Abschreibungen, Rückstellungen, Kredite an und von verbundenen Unternehmen etc. beeinflusst werden können. Bei entsprechender Transparenz und Kontinuität der Abschreibungspolitik wurden auf Basis der Gewinn-und-Verlust-Rechnung in einer Reihe von Handwerksbetrieben bereits gewinnabhängige Erfolgsprämien vereinbart.

Schwellenwert und Anteil der Beteiligung

Der Unternehmer muss definieren, wie hoch die Erfolgsbeteiligung beim Vorliegen welchen Erfolgs ist. D. h., er muss einen Schwellenwert, eine Mindestrendite, definieren, ab der die Mitarbeiter am Erfolg beteiligt werden, sowie den Anteil, den die Mitarbeiter beim Überschreiten des Schwellenwertes erhalten. Ebenso ist es sinnvoll, einen maximalen Wert der Erfolgsbeteiligung je Mitarbeiter bzw. als Anteil am Erfolg festzulegen.

»Erfolg ist eine ständige Baustelle.«

Die Bestimmung des Schwellenwertes erfolgt zum einen dadurch, dass man die Niveaus der Erfolge der vergangenen Jahre einander gegenüberstellt, die erwarteten Entwicklungen antizipiert und den Schwellenwert, den Anteil oberhalb des Schwellenwertes und das maximale Erfolgsentgelt festlegt. Dies kann jährlich neu, aber auch für mehrere Jahre erfolgen. Üblicherweise sammeln Betriebe über einige Jahre Erfahrungen mit jährlichen Zusagen und lassen diese Erfahrungen dann in eine längerfristige Regelung einfließen.

Finanzierung der Erfolgsbeteiligung

Die Erfolgsbeteiligung wird zusätzlich zu den Monatsverdiensten – und ggf. weiteren Entgeltbestandteilen – nach dem Win-win-Prinzip gezahlt. In diesem Sinne ist sie eine „echte“ Erfolgsbeteiligung. Unternehmen mit einer Erfolgsbeteiligung haben i. d. R. einen geringeren Krankenstand und eine geringere Fluktuation. Einige Unternehmen nutzen die Erfolgsbeteiligung auch, um die Jahressonderzahlung – Urlaubs- und Weihnachtsgeld – ganz oder teilweise zu variabilisieren, indem sie diese ganz oder teilweise vom Unternehmenserfolg abhängig machen. Häufig wird dann so verfahren, dass sich eine betriebliche Jahressonderzahlung von 100 % bei einem schlechten Ergebnis auf bis zu 50 % reduzieren kann oder im umgekehrten Fall auf bis zu 150 % steigern kann. Risiko und Chance sind in diesem Fall gleich verteilt.

Verteilung der Erfolgsbeteiligung

Die Verteilung des von den Mitarbeitern erarbeiteten Erfolgs kann aufgrund verschiedener Kriterien erfolgen. In der Praxis werden folgende Kriterien angewandt:

nach Köpfen (und Jahresarbeitszeit)

aufgrund des individuellen Grundentgelts (und damit auch nach der Arbeitszeit) in von Hundert des Grundentgeltes

nach der geleisteten Arbeitszeit im Betrachtungszeitraum, i. d. R. dem Geschäftsjahr. Hierbei gehen sowohl Veränderungen im Zeitkonto ein als auch Überstunden und Abwesenheitszeiten, z. B. bei unbezahltem Sonderurlaub und Krankheitszeiten.

eine unternehmensspezifische Kombination der genannten Möglichkeiten.

Meistens wird das Erfolgsentgelt in von Hundert des individuellen Grundentgeltes (Monatsentgelt) eines Mitarbeiters ausgezahlt. Die Orientierung an der geleisteten Arbeitszeit – und damit insbesondere der Krankheit – nimmt jedoch zu.

Auszahlungszeitpunkt

In der Praxis hat es sich bewährt, dass die Mitarbeiter 3 bis 4 Monate nach Abschluss des Geschäftsjahres, meist nach dem Beschluss der Gesellschafterversammlung, ihre Erfolgsprämie erhalten.

5.4 Unternehmensspezifisches Vergütungssystem Good Pay

Das unternehmensspezifische Vergütungssystem, basierend auf den eingangs gewählten Werten, und die darauf aufbauenden Vergütungsbausteine werden durch eine Berücksichtigung der Betriebszugehörigkeit und der einschlägigen Berufserfahrung der Mitarbeiter ergänzt. Die nachfolgende Tabelle gibt einen Überblick über die einzelnen Komponenten, ihre Höhe bezogen auf die Grundvergütung, die Anzahl der üblichen Auszahlungen und ihre Auszahlungszeitpunkte.

Vergütungsbaustein	Höhe i. v. H. der Grundvergütung	Zeitraum der Auszahlungen	Üblicher Zeitpunkt der Auszahlung
Anforderungsbezogene Grundvergütung	100 %	monatlich	Monatsende
Erfahrungsabhängige Vergütungsstufen	10 % - 20 %	monatlich	Monatsende
Leistungsentgelt im Unternehmensdurchschnitt	5 % - 15 %	monatlich (Zulage) oder jährlich (Prämie)	monatlich oder März/April Folgejahr
Erfolgsbeteiligung	50 % - 150 %	jährlich	März/April Folgejahr
Urlaubsgeld, abhängig von Betriebszugehörigkeit	20 % - 50 %	jährlich	Juni
Weihnachtsgeld, abhängig von Betriebszugehörigkeit	20 % - 50 %	jährlich	November

Übersicht über typische Vergütungsbausteine und deren Höhe

Diese Übersicht zeigt die Zusammenfassung von möglichen Bausteinen des Vergütungssystems, ihre Höhe und ihre Häufigkeit beispielhaft.

Good Pay beschäftigt sich aber nicht nur mit der Ermittlung der Höhe der Verdienste der Mitarbeiter, sondern auch mit der Form der individuellen Auszahlung, wie im nachfolgenden Kapitel 6 gezeigt wird. Durch die Individualisierung der Auszahlung und den Zuschnitt auf die Bedürfnisse und Interessen der Mitarbeiter bei der Auszahlung soll der Nutzen der Vergütung als extrinsischer Motivator erhöht werden.

6. DIE ZWEITE SEITE DER MEDAILLE – DIE INTERESSEN DER MITARBEITER

Good Pay ist eine Reaktion der Unternehmen auf die Situation am Arbeitsmarkt, die einerseits durch den Fachkräftemangel und andererseits durch den Wertewandel der jungen Menschen, der potenziellen Mitarbeiter, geprägt ist. Good Pay ist somit ein wichtiger Baustein zur Gewinnung und Bindung von motivierten Mitarbeitern. Um das Angebot des Handwerksbetriebes auf die potenziellen Mitarbeiter, aber auch Bestandsmitarbeiter zuschneiden zu können, ist es enorm wichtig, deren Bedürfnisse und Interessen zu kennen.

6.1 Was Mitarbeiter schätzen

Das Institut für Arbeitsmarkt- und Berufsforschung, die Bertelsmann-Stiftung und die Hans-Böckler-Stiftung sowie eine Reihe von Universitäten und Forschungsinstituten veröffentlichen regelmäßig Studien – z. T. nach Berufsgruppen und Branchen differenziert – über das, was den Menschen bei ihrer Arbeit im Unternehmen wichtig ist. Die Ergebnisse sind nicht immer einheitlich und manchmal auch von den Interessen der Auftraggeber abhängig. Wenn man sich die Ergebnisse mehrerer Studien jedoch genauer ansieht, lassen sich klare Schwerpunkte für die Motivation herausarbeiten.

Interessanterweise findet sich in der Studie einer Mitarbeiterleasingfirma bei ihren Top-10-Motivationsfaktoren nicht die Vergütung, wohl aber Pflanzen im Büro. Vielleicht wurde die Vergütung als externer Motivator vernachlässigt, weil das Unternehmen nicht gerade für eine überdurchschnittlich hohe Vergütung bekannt ist.

Zehn Faktoren zur Motivation der Mitarbeiter

Im Handwerk haben die Vergütung und die Arbeitgeberleistungen, wozu auch das Urlaubsgeld gehört, einen besonders hohen Stellenwert. Das ist möglicherweise darin begründet, dass Menschen immer das sehen, was sie vermissen, und nicht das, was sie haben. Fakt ist, Mitarbeiter im Handwerk verdienen bei vergleichbaren Qualifikationen ca. 20 % weniger als in anderen Branchen wie z. B. der Metall- und Elektroindustrie oder in der chemischen Industrie. Darin kann die Ursache liegen, gleichzeitig aber auch die Chance, mit Good Pay – in Verbindung mit New Work – wirksame Abhilfe zu schaffen.

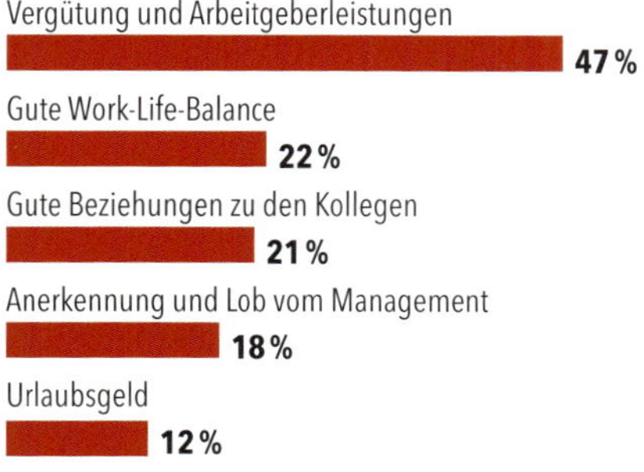

Motivationsfaktoren im Handwerk

In verschiedenen Studien und Umfragen, die im Handwerk durchgeführt wurden, nimmt die Vergütung der Mitarbeiter als Motivationsfaktor häufig den ersten Platz ein.

Maßnahmen zur Motivation von Mitarbeitern

Vergüten Sie Ihre Mitarbeiter angemessen.
Betreiben Sie aktiv Teamentwicklung mit gemeinsamen Aktivitäten.
Loben Sie Ihre Mitarbeiter für Erfolge.
Äußern Sie Kritik immer konstruktiv und nur in Einzelgesprächen.
Lassen Sie Ihre Mitarbeiter selbstbestimmt arbeiten.
Übernehmen Sie selbst auch Projektaufgaben.
Holen Sie sich Rat bei Ihren Mitarbeitern.
Geben Sie regelmäßige Einschätzungen.
Bieten Sie Weiterbildungsmöglichkeiten an.

Maßnahmen zur Motivation von Mitarbeitern

Von Bedeutung sind auch die Rahmenbedingungen, die je nach der Konjunktur und der Situation auf dem Arbeitsmarkt genannt werden: ein unbefristeter Arbeitsvertrag und die Arbeitsplatzsicherheit.

Die Ergebnisse der Studien zeigen, dass es vier wichtige Felder gibt, um die Motivation der Mitarbeiter zu stärken. Das betrifft insbesondere:

die eigentliche Arbeit und ihre innere Motivation (New Work)

die Vergütung der Mitarbeiter incl. der Zusatzleistungen des Arbeitgebers (Good Pay)

das Arbeitsumfeld inkl. Betriebsklima und Führung (New Work)

die Vereinbarkeit von Arbeit und Freizeit, z. B. Zeit für Familie, Ehrenamt, Hobby (New Work).

6.2 Was Unternehmen Mitarbeitern anbieten können

Wenn die Höhe der Vergütung feststeht, stellt sich die Frage, in welcher Form und in welcher „Verpackung" sie am besten zu den Mitarbeitern kommt. Hierzu gibt es keine grundsätzlich richtige Regel. Es kommt auf die Persönlichkeiten der Mitarbeiter, ihre Bedürfnisse und Interessen an. Und diese Bedürfnisse sind nicht stabil, sie wandeln sich im Lauf der Zeit in Abhängigkeit der verschiedenen Lebensphasen, der Lebensumstände und des Lebensalters.

So sind z. B. beim geplanten Bau des Eigenheims von Mitarbeitern, in der Phase vor dem Hausbau und nach dem Hausbau Überstunden häufig sehr begehrt, um das notwendige Eigenkapital zu erarbeiten und Sondertilgungen vornehmen zu können. Während der Bauphase stören Überstunden aber bei möglichen Eigenleistungen beim Hausbau.

Mitarbeiter in einer Großstadt mit einem gut ausgebauten öffentlichen Personennahverkehr und schlechten Parkmöglichkeiten schätzen z. B. ein vom Arbeitgeber bezahltes Jobticket sehr, während Mitarbeiter in ländlichen Räumen ohne Parkplatzprobleme, die für den Weg zum Betrieb einen Pkw brauchen, eher einen Dienstwagen schätzen.

Aufgrund der differenzierten und sich stetig wandelnden Bedürfnisse der Mitarbeiter einerseits und des begrenzten Aufwands für ein entsprechendes System der Auszahlung der Vergütung andererseits hat es sich bewährt, dass das Unternehmen ein „gängiges" und überschaubares Angebot erstellt und die Mitarbeiter entsprechend ihren persönlichen Präferenzen die Angebote im Rahmen ihres persönlichen Budgets auswählen. Man spricht hierbei gerne von „Cafeteria-Systemen", weil die Mitarbeiter ausgestattet mit einem Budget – einem Teil ihrer Vergütung – zwischen verschiedenen Angeboten des Arbeitgebers auswählen und ihr „Menü" – nach ihrem Geschmack – zusammenstellen können. Dabei ist bei den Cafeteria-Systemen darauf zu achten, dass Entscheidungen für gewisse Formen der Auszahlung der Vergütung eine längere Bindung beinhalten, z. B. eine betriebliche Altersversorgung oder vermögenswirksame Leistungen. Ein Vertrag im Sport- bzw. Fitnessstudio ist dagegen vergleichsweise kurzfristig zu kündigen.

Hinter den Vorteilen von Good Pay stehen vor allem zwei Prinzipien, die das System für Unternehmen und Mitarbeiter so attraktiv machen.

Arbeitgeber und Arbeitnehmer tätigen ein Geschäft zulasten eines Dritten, des Finanzamts und der Sozialversicherung, d. h., sie nutzen die Möglichkeiten, den Mitarbeitern steuer- und sozialversicherungsfrei gewisse Zusatzleistungen zukommen zu lassen, die diese wertschätzen. Sozusagen „mehr Netto vom Brutto".

Die Nachfragemacht eines Arbeitgebers führt beim Einkauf von Waren oder Dienstleistungen zu günstigeren Preisen, als sie der Arbeitnehmer am Markt erzielen könnte. Zu denken ist hier z. B. an einen Dienstwagen oder eine betriebliche Altersversorgung.

Nachdem die Bedürfnisse und Interessen der Mitarbeiter bekannt sind, kann der Handwerksbetrieb das Angebot für Good Pay erarbeiten, damit die Mitarbeiter daraus auswählen und auf ihre Bedürfnisse zuschneiden können.

Die „Auszahlung" kann klassisch nach Abzug der Steuer und Sozialversicherung auf das Konto gezahlt werden. Es können aber auch Sachleistungen (z. B. Dienstwagen) gewährt oder Nutzungsrechte (z. B. Besuch eines Fitnessstudios) eingeräumt werden. Im Rahmen eines betrieblichen Cafeteria-Systems können dann die Mitarbeiter entscheiden, wie sie ihre Vergütung ausgezahlt bekommen wollen. Sie stellen sich sozusagen ihr „Menü" – im Rahmen der ihnen zustehenden Vergütung bzw. ihres Budgets – entsprechend ihren Bedürfnissen und Interessen zusammen.

Die Leistungen der Arbeitgeber lassen sich im Wesentlichen in vier verschiedene Gruppen differenzieren. Das sind

steuer- und sozialversicherungspflichtige Leistungen,

steuer- und sozialversicherungsfreie Leistungen,

steuer- und sozialversicherungsermäßigte Leistungen,

Regelungen rund um die Arbeitszeit.

Hinweis: Die Gesetzeslage bei den steuerlichen Regelungen unterliegt einem ständigen Wandel. Zum Zeitpunkt der Einführung und Nutzung von steuer- und sozialversicherungsrechtlichen Regelungen ist die jeweils aktuelle Gesetzeslage zu beachten. Hier lohnt sich ein Gespräch mit dem Steuerberater.

6.2.1 Steuer- und sozialversicherungspflichtige Leistungen des Arbeitgebers

Monatliche Vergütung

Der Teil der monatlichen Vergütung, der bar auf das Konto des Mitarbeiters überwiesen wird, ist steuer- und sozialversicherungspflichtig. Die Sozialversicherungspflicht für die Kranken-, Renten- und Arbeitslosenversicherung gilt für Arbeitnehmer und Arbeitgeber je zur Hälfte.

Urlaubs- und Weihnachtsgeld sowie Jahressonderzahlungen

Es gibt Handwerksbetriebe, die ein Urlaubs- und Weihnachtsgeld zahlen, und solche, die diese beiden Zahlungen zu einer Jahressonderzahlung zusammenfassen.

Urlaubs- und Weihnachtsgeld sind – sofern sie nicht in eine Direktversicherung oder betriebliche Altersversorgung umgewandelt werden – grundsätzlich steuer- und sozialversicherungspflichtig. Soweit diese Vergütung z. B. in eine betriebliche Altersversorgung umgewandelt wird, sind diese Zahlungen zum Zeitpunkt der Einzahlung in die BAV steuer- und sozialversicherungsfrei. Der Arbeitgeber ist für neu abzuschließende Verträge gesetzlich verpflichtet, seine Einsparungen an der Sozialversicherung von ca. 15 % dem Arbeitnehmer zukommen zu lassen. Beim Bezug der Rente aus der betrieblichen Altersversorgung im Rentenalter ist die Rente zu versteuern, aber dann zu für den Mitarbeiter günstigeren Bedingungen, wegen der im Vergleich zum Arbeitseinkommen geringeren Rente und der Steuerprogression. Darüber hinaus fällt im Rentenalter für die Sozialversicherung nur die Krankenversicherung an, nicht die Renten- und Arbeitslosenversicherung. Unter Beachtung der Steuern und Sozialversicherungsbeiträge während des Arbeitslebens und der Zeit der Rente reduziert sich die Belastung durch die Steuer- und Sozialversicherung nicht unerheblich.

Altersteilzeit, Zuschuss des Arbeitgebers

Der Arbeitgeber kann mit dem Mitarbeiter freiwillig vereinbaren, dass der Mitarbeiter in Altersteilzeit geht. Die Altersteilzeit ist im Grundsatz gesetzlich geregelt, sie kann für die Dauer von mindestens 1,5 Jahren bis maximal 6 Jahren vereinbart werden, wenn der Mitarbeiter anschließend direkt die gesetzliche Rente bekommt. Das kann in Form von Teilzeit mit reduzierter Wochenarbeitszeit von 50 % für den gesamten Zeitraum sein, oder der Mitarbeiter kann im sogenannten Blockmodell die erste Hälfte in Vollzeit arbeiten und die zweite Hälfte gar nicht. Das abgesenkte Monatsentgelt wird während der gesamten Altersteilzeit gezahlt.

Der Arbeitgeber kann das Monatsgehalt aufstocken, die Kosten steuerlich geltend machen und dem Mitarbeiter die aufgestockte steuer- und sozialversicherungspflichtige Vergütung überweisen. Der Mitarbeiter kann auch auf einem Langzeitkonto angesparte Stunden einsetzen, um sein Einkommen in der Altersteilzeit zu erhöhen.

Erfolgsbeteiligung

Die Erfolgsbeteiligung ist wie eine Einmalzahlung (Urlaubsgeld, Weihnachtsgeld, Jahressonderzahlung) steuer- und sozialversicherungspflichtig.

Entgeltfortzahlung im Krankheitsfall bei Sonderzahlungen

Zahlungen an die Mitarbeiter, die alle drei Monate oder seltener gezahlt werden, sind sogenannte Sonderzahlungen. Für diese Sonderzahlungen gilt eine Ausnahme im Entgeltfortzahlungsgesetz § 4a. Sonderzahlungen können für jeden Krankheitstag bis zu einem Viertel des täglichen durchschnittlichen Jahresverdienstes gekürzt werden.

6.2.2 Steuer- und sozialversicherungsfreie Leistungen des Arbeitgebers

Mit steuerfreien Extras können Handwerksunternehmer ihre Mitarbeiter oft besser motivieren als mit einer Gehaltserhöhung. Es gelten aber strenge Regeln für die „kleinen Anreize“. Dazu zählen insbesondere (Euro-Beträge Stand Oktober 2020):

Warengutscheine

Warengutscheine in Form von Benzingutscheinen stehen hoch im Kurs. Bis zur sogenannten Sachbezugsgrenze von derzeit 44,– Euro im Monat sind die Warengutscheine steuer- und sozialversicherungsfrei. Das Finanzamt hat inzwischen nichts mehr dagegen, wenn ein Geldbetrag auf dem Gutschein steht. Der Mitarbeiter darf aber auf keinen

Fall Bares von der Tankstelle ausgezahlt bekommen. Die Freigrenze ist monatlich einzuhalten, sonst wird die Leistung auf einen Schlag voll steuer- und sozialversicherungspflichtig.

Gesundheit

Wenn es um die Gesundheit der Mitarbeiter geht, zeigt sich das Finanzamt großzügig. Der Fiskus gewährt dafür jährlich pro Mitarbeiter einen Freibetrag von 500,– Euro. Der Betrag kann für Kurse im Sportverein und in der Volkshochschule oder Übungen beim Physiotherapeuten eingesetzt werden. Entscheidend ist, dass die Übungen den Anforderungen der Krankenkassen zur Prävention entsprechen. Hierzu gehört auch die Rückenschule zum physischen Belastungsabbau oder eine Supervision zum psychischen Belastungsabbau, z. B. bei einem Tischler, der auch ein Beerdigungsinstitut hat.

Mitgliedsbeiträge für Sportvereine fallen allerdings nicht darunter. Das Finanzamt unterstützt auch die Gesundheitsförderung durch Kurse zur Ernährung, zum Stressabbau oder gegen die Nikotinsucht.

Außergewöhnlicher Arbeitseinsatz: Essen und Trinken frei

Zum Wohle der Mitarbeiter dürfen Handwerksunternehmer anlässlich eines außergewöhnlichen Arbeitseinsatzes steuer- und sozialversicherungsfrei bis zu drei Essen im Jahr gewähren, und zwar im Wert von bis zu je 60,– Euro je Mitarbeiter.

Verpflegungszuschuss

Der Arbeitgeber kann sich auf zwei verschiedene Arten an der Verpflegung seiner Mitarbeiter beteiligen. Er kann einen Zuschuss an eine Kantine, Gaststätte oder direkt an den Arbeitnehmer zahlen.

Wenn der Arbeitnehmer einen Eigenanteil von 2,80 € je Mittagessen übernimmt, bleibt der Beitrag des Arbeitgebers, der geldwerte Vorteil für den Arbeitnehmer, steuerfrei.

Bei Essensgutscheinen in Höhe von 5,90 € pro Tag müssen 2,80 € mit 25 % pauschal versteuert werden. Der Rest ist steuerfrei, Sozialabgaben fallen keine an. Es ist zu beachten, dass dem Mitarbeiter nur für geleistete Arbeitstage Verpflegungszuschüsse gewährt werden dürfen, d. h. nicht an Urlaubs- oder Krankheitstagen.

Betriebsfeier

Pro Mitarbeiter dürfen im Jahr für zwei Feste oder Betriebsausflüge 110,- Euro inklusive Umsatzsteuer steuer- und sozialversicherungsfrei ausgeben werden. Hierbei handelt es sich um einen Freibetrag. Gibt der Handwerksunternehmer bei der Feier mehr als 110,- Euro je Mitarbeiter aus, kann er den darüber hinausgehenden Betrag pauschal mit 25 % versteuern.

Beratung

Der Unternehmer kann seinen Mitarbeitern 600,- Euro im Jahr steuerfrei überweisen, wenn diese sich zum Thema Pflege für Angehörige oder Betreuung seiner Kinder beraten lassen möchten. Der Chef darf in dieser Höhe auch die Kinderbetreuung bezahlen, falls Mitarbeiter an einer Fortbildung teilnehmen möchten oder auf Dienstreise gehen.

Kommunikation

Der Arbeitgeber darf den Mitarbeitern steuerfrei einen betrieblichen Computer, ein Tablet oder ein Handy mit nach Hause geben. Die Geräte können privat genutzt werden, und zwar nach Lust und Laune. Das Finanzamt kennt hier keine Höchstgrenzen. Der geldwerte Vorteil für den Mitarbeiter bleibt steuer- und sozialversicherungsfrei.

Gleiches gilt für Gebühren für den Internetzugang oder Telefonate mit dem Handy.

Darlehen

Wenn der Unternehmer seinem Mitarbeiter ein zinsgünstiges Darlehen gewährt, bleibt die Zinsersparnis im Vergleich zum Marktzins für den Kreditnehmer steuer- und sozialversicherungsfrei. Das gilt für unverzinsliche oder verbilligte Darlehen bis 2.600,- Euro Darlehenssumme.

Direktversicherung

Der Arbeitnehmer hat das Recht, bis zu 4 % der Bemessungsgrenze der Rentenversicherung (Stand 2020 6.900,- Euro) steuer- und sozialversicherungsfrei in die betriebliche Altersversorgung einzuzahlen, das entspricht derzeit maximal 276,- Euro im Monat. Wenn die Rente aus der betrieblichen Altersversorgung ausgezahlt wird, sind diese Renten steuer- und sozialversicherungspflichtig, allerdings fällt bei der Sozialversicherung nur die Krankenversicherung an und keine Renten- und Arbeitslosenversicherung. Darüber hinaus gibt es einen Freibetrag von derzeit 160,– € monatlich, bei dem die Krankenversicherungspflicht entfällt.

Der Arbeitgeber ist gesetzlich verpflichtet, die von ihm eingesparten Sozialversicherungsbeiträge von ca. 15 % des Betrags, den der Mitarbeiter monatlich in die Direktversicherung zahlt, dem Mitarbeiter steuer- und sozialversicherungsfrei zu zahlen.

Beim Arbeitgeberwechsel kann der Mitarbeiter seine betriebliche Altersversorgung „mitnehmen" und beim neuen Arbeitgeber weiterlaufen lassen.

Entgeltoptimierung bezüglich steuer- und sozialversicherungsfreier Zuschläge

Im deutschen Steuerrecht gibt es steuerfreie Zulagen. Zweck der Steuerbefreiung ist es, die Wirkung der Zuschläge zu unterstützen, die dem Arbeitnehmer einen Ausgleich und eine Erleichterung dafür verschaffen sollen, dass die Sonntags-, Feiertags- und Nachtarbeit den biologischen und kulturellen Lebensrhythmus des Arbeitnehmers stören. Diese Zuschläge sind als Ausgleich für „besonderes Arbeitsleid" zu gewähren. Unternehmen, die auch Sonntags-, Feiertags- und Nachtarbeit haben, können die Gestaltungsspielräume nutzen und die steuerfreien Zulagen mit der Vergütung optimieren, d. h. Nachtzuschläge erhöhen und Gehalt reduzieren oder statt Gehaltserhöhungen attraktive Nachtschichtzulagen an die Mitarbeiter zahlen. Das nachfolgende Beispiel zeigt das mögliche Vorgehen.

> Normalerweise wird der Nachtschichtzuschlag in Höhe von 25 % von 22.00 bis 6.00 Uhr gezahlt. Es besteht im Fall A die gesetzliche Möglichkeit, die Dauer der Nachtschicht auszudehnen (von 20.00 bis 6.00 Uhr) und die 25 % steuerfreien Nachtschichtzuschlag zu zahlen. Im Fall B werden die Nachtschichtzuschläge im gesetzlichen Rahmen erhöht: von 22.00 bis 24.00 Uhr 25 % Zuschläge, von 00.00 bis 4.00 Uhr bis zu 40 % Zuschläge und von 4.00 bis 6.00 Uhr 25 % Zuschläge. Auch eine Kombination der Fälle A und B ist möglich. Im Fall C werden sowohl die Nachtschichtzeiten verlängert als auch die Nachtschichtzuschläge erhöht: In der Nachtschicht beträgt die Nachtschichtzuschlag von 20.00 bis 24.00 Uhr 25 %, von 00.00 bis 4.00 Uhr bis zu 40 % und von 4.00 bis 6.00 Uhr 25 %.

Ähnlich lassen sich auch die Zuschläge für Sonntagsarbeit optimieren. Sie können von üblicherweise 25 % auf bis zu 40 % erhöht werden.

Feiertagszuschläge sind an gesetzlichen Feiertagen bis zu 125 % steuer- und sozialversicherungsfrei.

Zeit oder Geld

Im Kontext der Themen „Vereinbarkeit von Beruf und Familie“, „Work-Life-Balance“ und Mitarbeiter der Generationen Y und Z hat das Thema „Zeit oder Geld“ an Bedeutung gewonnen und seinen Niederschlag im Arbeitsalltag und in verschiedenen Tarifverträgen gefunden. Mitarbeiter können bei den Regelungen „Zeit oder Geld“ entscheiden, ob sie grundsätzlich eine Einmalzahlung in Höhe von z. B. einem viertel Monatslohn wollen oder 5 Tage zusätzlicher freier Zeit, 5 Tage Freistellung bei voller Bezahlung, quasi zusätzlichen Urlaub. Eingeführt werden kann eine solche Regelung im Unternehmen dadurch, dass Entgelterhöhungen nicht oder nicht voll in die monatliche Vergütung eingehen, sondern in eine Einmalzahlung münden.

Beispiel Zeit oder Geld
Statt einer betrieblichen Entgelterhöhung von 2% könnte dieses Entgeltvolumen (2 % x 12 Monate = 24 %, entspricht ca. 25 % eines Monatsentgeltes) als Einmalzahlung, im Juli eines Jahres fällig werden, wenn vom Mitarbeiter nicht die o. a. 5 Tage Freistellung gewählt wurden.

Die Mitarbeiter entscheiden i. d. R. bis zum Ende des Jahres, ob sie im folgenden Jahr „Zeit oder Geld“ möchten. Wenn es die betrieblichen Bedingungen erlauben (Auftragslage, Urlaubsplanungen, Krankheit von Kollegen im Team ...), gewährt der Arbeitgeber „Zeit statt Geld“. Falls der Mitarbeiter die (Frei-)Zeit statt Geld wählt und kein zusätzliches Geld fließt, ist die Wahl der „Zeit“ quasi steuer- und sozialversicherungsfrei. Im anderen Fall ist es „als normale Vergütung in Form einer Einmalzahlung“ steuer- und sozialversicherungspflichtig (analog zu Urlaubs- und Weihnachtsgeld und Jahressonderzahlungen).

Zeit statt Geld für besondere Leistungen

Das Thema „Zeit statt Geld“ ist derzeit besonders attraktiv. Daher wird Mitarbeitern aktuell nicht selten ein Bonus in Zeit statt in Geld angeboten und von diesen auch gerne angenommen. Zunehmend wird Mitarbeitern ein sogenannter Spotbonus bei besonderen Leistungen gewährt, der in Zeit ausgezahlt wird. Ob das eine langfristige breite Entwicklung ist oder nur für junge Menschen in entsprechenden Lebensphasen interessant ist, hängt nicht zuletzt von der beruflichen Arbeitsaufgabe, der Höhe des Verdienstes und der wirtschaftlichen Entwicklung sowie der Situation auf dem Arbeitsmarkt – auch infolge der Corona-Pandemie – ab. Spannend ist es auch zu beobachten, wie sich Mitarbeiter verhalten, die beruflich Karriere machen wollen, ob sie Geld oder Zeit wählen und wie das langfristig das Image der jeweiligen Mitarbeiter prägt.

Zeit für die Regeneration statt Belastungszulagen

Mitarbeiter erhalten für besonders belastende oder gefährliche Arbeiten häufig eine Belastungszulage, die als normale Vergütung steuer- und sozialversicherungspflichtig ist. Hier kann es sinnvoll sein, die Mitarbeiter wählen zu lassen, ob die Belastungen und Gefährdungen finanziell abgegolten werden sollen oder freie Zeit für eine gute Regeneration – steuer- und sozialversicherungsfrei – gegeben werden soll.

Übernahme der Kosten der Ausstattung und Betriebskosten des Homeoffice

Das Homeoffice ist ein im Rahmen eines Arbeitsverhältnisses vom Arbeitgeber fest eingerichteter Bildschirmarbeitsplatz im Privatbereich des Mitarbeiters, für den der Arbeitgeber eine mit dem Beschäftigten vereinbarte wöchentliche Arbeitszeit und die Dauer der Einrichtung festgelegt hat. Das Gesetz verwendet statt der in der Praxis gebräuchlichen Bezeichnung „Homeoffice“ den Begriff „Telearbeitsplatz“ (§ 2 Abs. 7 ArbStättV). Für die Einrichtung und Durchführung des Homeoffice sollte eine vertragliche Vereinbarung zwischen Arbeitnehmer und Arbeitgeber erfolgen, damit es keine Konflikte im Nachhinein gibt.

In der Vereinbarung zwischen Arbeitgeber und Arbeitnehmer ist insbesondere zu klären, wer die Kosten der Büroausstattung – Computer, Tablet, Handy, Software, Telefonkosten, Anschlusskosten etc. - übernimmt und wie hoch die Kostenübernahme für die Miete des als Büro und ggf. Archiv genutzten Raumes ist. Hier können neben der marktüblichen Miete und den Nebenkosten auch die eingesparte Fahrzeit zum Arbeitsplatz und die Fahrtkosten bei der Vereinbarung zwischen Mitarbeiter und Unternehmer berücksichtigt und in einer fairen Vereinbarung schriftlich fixiert werden. Auch sind Fragen der Datensicherheit der Leitungen bzw. des WLAN und der Einbruchschutz bei sensiblen Daten zu klären bzw. zu gewährleisten. Nur durch eine umfassende Vereinbarung, als Ergänzung zum Arbeitsvertrag, kann eventuellen Streitigkeiten vorgebeugt werden.

Eine differenzierte Kostenerstattung ist steuer- und sozialversicherungsfrei, eine pauschale Honorierung des Homeoffice wird wie eine Vergütung betrachtet und damit steuer- und sozialversicherungspflichtig. In diesem Fall unterstellt das Finanzamt einen Umgehungstatbestand.

Häusliches Arbeitszimmer

Ein häusliches Arbeitszimmer, das man steuerlich absetzen kann, ist vom Homeoffice zu unterscheiden. Vom Finanzamt anerkannt wird ein häusliches Arbeitszimmer nur, wenn es sich um einen abgeschlossenen Raum handelt, der wie ein Büro eingerichtet ist und so gut wie nicht privat benutzt wird.

6.2.3 Steuer- und sozialversicherungsermäßigte Leistungen des Arbeitgebers

Urlaubszuschuss

Wenn der Mitarbeiter nachweist, dass er eine Urlaubsreise macht, kann der Arbeitgeber ihm einen Urlaubszuschuss in Höhe von 156,– € im Jahr zukommen lassen, für den Ehepartner des Mitarbeiters beträgt der Zuschuss 104,– € und für jedes Kind 52,– €. Die ausgezahlten Beträge werden pauschal mit 25 % versteuert. Sie sind sozialversicherungsfrei.

Die Auszahlung des Urlaubszuschusses muss im Zeitraum von max. 3 Monaten vor und 3 Monaten nach dem Urlaub erfolgen.

Fahrtkostenzuschuss

Der Arbeitgeber kann dem Mitarbeiter einen Fahrtkostenzuschuss für die Fahrt von der Wohnung zur Arbeitsstätte zahlen. Diese Möglichkeit ist insbesondere bei größeren Distanzen attraktiv. Die Höhe des Fahrtkostenzuschusses ist zum einen auf 0,30 € pro Entfernungskilometer und zum anderen auf 4.500,– € pro Jahr begrenzt. (§ 40 Abs. 2 Satz 2 EStG). Der Arbeitgeber versteuert den Fahrtkostenzuschuss pauschal mit 15 %.

Dienstwagen

Wenn Mitarbeiter einen Dienstwagen vom Arbeitgeber gestellt bekommen, der auch privat genutzt werden kann, dann hat das mehrere Vorteile für den Mitarbeiter. Der privat genutzte Dienstwagen belastet seine Liquidität nicht, es fallen keine teuren Leasingraten an, und er hat in der Regel stets ein fahrtüchtiges Auto. Allerdings ist der geldwerte Vorteil, den der Mitarbeiter durch die Nutzung des Pkws hat, steuer- und sozialversicherungspflichtig.

Der geldwerte Vorteil kann einerseits durch die Führung eines Fahrtenbuches festgestellt werden und andererseits durch eine pauschale Regelung.

Beim Führen eines Fahrtenbuches wird zum einen jeder privat gefahrene Kilometer zeitnah dokumentiert. Zum anderen werden die Aufwendungen, d. h. sämtliche mit dem Pkw zusammenhängenden Kosten – also auch die jährliche Abschreibung des Fahrzeugs ohne Sonderabschreibungen – aufaddiert. Bemessungsgrundlage ist dabei nicht der Listenpreis, sondern die tatsächlichen Anschaffungskosten einschließlich der Mehrwertsteuer. Dabei ist bei einem Neuwagen von einer sechsjährigen Nutzungsdauer auszugehen. Die jährlichen Aufwendungen werden durch die gefahrenen Kilometer geteilt und die Kosten je Kilometer mit den privat gefahrenen Kilometern des Mitarbeiters multipliziert. Das Ergebnis dieser Rechnung ist der geldwerte Vorteil, der steuer- und sozialversicherungspflichtig ist.

Eine Alternative zu diesem Vorgehen ist die pauschale Regelung, die bei der Nutzung eines Elektroautos unter bestimmten Bedingungen besonders attraktiv ist. Laut Einkommensteuergesetz kann die private Nutzung eines Kraftfahrzeugs für jeden Kalendermonat mit 1 % des inländischen Listenpreises pauschal als geldwerter Vorteil angesetzt werden. Die Ein-Prozent-Pauschale gilt nicht nur für gekaufte Fahrzeuge, sondern auch für geleaste oder gemietete Pkw. Hierzu ein Beispiel: Bei einem Pkw mit einem Wert von 50.000,– Euro beträgt der geldwerte Vorteil, der sich aus der privaten Nutzung ergibt, 500,– Euro pro Monat.

Maßgebend ist der Bruttolistenpreis zum Zeitpunkt der Erstzulassung. Als Bruttolistenpreis gilt die unverbindliche Preisempfehlung des Herstellers zuzüglich der Kosten für Sonderausstattung einschließlich Umsatzsteuer. Der Listenpreis gilt auch, wenn der Arbeitgeber wegen seiner Nachfragemacht einen Preisnachlass bekommt und weniger bezahlt. Kauft der Arbeitgeber ein gebrauchtes Auto als Dienstwagen und zahlt dafür z. B. 20.000,– Euro, dann ist trotzdem der Neupreis von 50.000,– Euro beim geldwerten Vorteil zugrunde zu legen, d. h. 500,– € im Monat.

Für Elektroautos ist die Pauschale von 1 % auf 0,5 % gesenkt. Liegt der Bruttolistenpreis des Elektroautos unter 40.000,– €, reduziert sich die Pauschale auf 0,25 % des Bruttolistenpreises.

Beim Dienstwagen gibt es einen attraktiven Gestaltungsspielraum für Unternehmen und Arbeitgeber, um die individuellen Bedürfnisse der Mitarbeiter, ihren Nutzen und die Kosten für den Arbeitgeber zu optimieren.

E-Bikes und Jobrad

Das Jobrad ist für Arbeitnehmer – je nach Entfernung zur Arbeitsstelle und der Topografie – eine attraktive Fortbewegungsmöglichkeit auf dem Weg von der Wohnung zur Arbeitsstelle. Durch ein E-Bike ist das Jobrad auch bei hügeliger Topografie attraktiv.

Das Jobrad kann vom Arbeitgeber als Dienstfahrrad gestellt werden, dann ist – analog zum Dienstwagen – der geldwerte Vorteil steuer- und sozialversicherungspflichtig. Da ein E-Bike mit Muskelkraft oder unterstützt durch einen Elektromotor angetrieben wird, werden bei der Pauschalversteuerung analog zum Dienstwagen monatlich nur 0,25 % des unverbindlichen Preises angesetzt. Der Arbeitgeber kann die Leasing- und Versicherungsraten als Betriebsausgaben absetzen. Für das Pendeln per Rad zur Arbeit dürfen Arbeitnehmer jeden Arbeitstag 30 Cent pro Entfernungskilometer als Entfernungspauschale in der Steuererklärung geltend machen.

Nicht zuletzt um das pauschale Vorgehen zu entbürokratisieren, kann der Arbeitgeber seit 01.01.2020 seinem Mitarbeiter als zusätzlichen Vergütungsbaustein ein Jobrad als E-Bike steuer- und sozialversicherungsfrei zur Verfügung stellen.

Jobticket

Der Arbeitgeber kann dem Arbeitnehmer als zusätzlichen Vergütungsbestandteil ein Jobticket kostenlos überlassen oder ihm einen Zuschuss zum Jobticket geben. Der Mitarbeiter kann mit dem Jobticket sowohl Dienstfahrten als auch private Fahrten im öffentlichen Personennahverkehr durchführen. Zu beachten ist, dass die steuer- und sozialversicherungsfreien Leistungen auf die Entfernungspauschale zwischen Wohnung und Arbeitsstätte angerechnet werden. Damit wird verhindert, dass es zu einer doppelten Vergünstigung kommt, nämlich durch die Steuerfreiheit des Zuschusses und durch die Geltendmachung der Fahrtkosten.

6.3 Was Unternehmen noch zum attraktiven Arbeitgeber macht

Wie dargestellt, sind New Work und Good Pay erfolgreiche Strategien, um Unternehmen auf dem schwierigen Arbeitsmarkt attraktiv zu machen. Neben diesen „direkten“ Leistungen des Arbeitgebers kann es auch noch weitere Leistungen geben, die die Rahmenbedingungen für die Arbeit der Mitarbeiter und das Image des Handwerksbetriebs als guter Arbeitgeber entscheidend verbessern. Sie werden nachfolgend beschrieben.

Vereinbarkeit von Familie und Beruf

Bei der Vereinbarkeit von Familie und Beruf stellt die Betreuung der Kinder eine entscheidende Rahmenbedingung dar. Nicht zuletzt, damit die Eltern die Möglichkeit haben, arbeiten zu gehen.

Öffnungszeiten der Kindertagesstätten

Der seit dem 1. August 2013 geltende gesetzliche Anspruch auf einen Kindergartenplatz hat die Kinderbetreuung nicht abschließend gelöst. Für die Eltern ist die Entfernung der Kindertagesstätte zu Wohnung und Arbeitsplatz entscheidend, ebenso die Öffnungszeiten der Kita. Zum einen kann es für Unternehmen interessant sein, Kita-Plätze für Mitarbeiter zu reservieren und darüber mit dem Träger einen Vertrag abzuschließen. Zum anderen kann darüber hinaus mit dem Träger eine Vereinbarung getroffen werden, dass die Öffnungszeiten – auf Kosten des Arbeitgebers – über die üblichen Zeiten hinausgehen und ggf. auch jahreszeitlich differenziert sogar verlängert werden. Die Kosten kann der Arbeitgeber als Betriebsausgaben geltend machen. Mitarbeiter schätzen die arbeitsplatznahe Betreuung ihrer Kinder und den geringeren Zeitdruck bei der Arbeit aufgrund der längeren Öffnungszeiten der Kita. Dadurch können auch Projekte an einem Tag abgeschlossen werden und eine weitere Fahrt zum Kunden am nächsten Tag eingespart werden.

Ferienlager

Die Betreuung der Kinder ist nicht nur von der Öffnungszeit und der örtlichen Lage der Kindertagesstätten abhängig, sondern auch von deren Ferienzeiten. Es gibt Kitas, die ganzjährig geöffnet sind, und andere, die mehrere Wochen im Jahr schließen. Bei schulpflichtigen Kindern erleben die Eltern, dass die Schulferien entscheidend länger sind als der Urlaubsanspruch der Mitarbeiter. Einige Unternehmen bieten deshalb für die Kinder und Enkel ihrer Mitarbeiter Ferienlager an. Ein oberpfälzisches Unternehmen führt z. B. in den bayerischen Pfingstferien, wenn Hochsaison im Unternehmen ist und deshalb eine Urlaubssperre, ein 14-tägiges Ferienlager für Kinder im Alter von 2 bis 13 Jahren durch. In den Sommerferien werden noch einmal 3 Wochen lang Ferienlager für die Kinder und Enkel der Mitarbeiter angeboten. Die Betreuung der Kinder übernimmt ein externer Dienstleister auf dem Gelände des Unternehmens. Die Eltern zahlen einen symbolischen Beitrag, die restlichen Kosten übernimmt das Unternehmen. Die Beteiligung der potenziell infrage kommenden Kinder ist sehr hoch. Als Ergebnis einer Evaluation bleibt festzuhalten, dass die Kinder qualifiziert betreut werden, die Eltern entlastet sowie Eltern und Kindern sehr zufrieden sind. In der zweiten Hälfte der Sommerferien – nach der Hochsaison mit den Arbeitsspitzen im Unternehmen – können Eltern und Kinder gemeinsam Urlaub machen. Das Unternehmen hat mit diesem Vorgehen ein attraktives Alleinstellungsmerkmal und eine gute Resonanz in den regionalen Medien. Den täglichen gemeinsamen Weg zu Arbeit und Ferienlager erleben die Eltern als sehr positiv. Und langfristig baut das Unternehmen dadurch sogar eine enge Beziehung zu potenziell zukünftigen Mitarbeitern auf.

Teilzeit im Handwerk
Auf den ersten Blick mag es verwunderlich erscheinen, in der überwiegend von Männern dominierten Branche Handwerk den Mitarbeitern eine Teilzeittätigkeit anzubieten. Aber erstens ist Teilzeit nicht auf Frauen beschränkt, und zweitens gibt es viele Frauen, die in verschiedenen Branchen des Handwerks arbeiten und auf die die Handwerksbetriebe in Zeiten des Fachkräftemangels als Mitarbeiterinnen auch gar nicht verzichten können. Vor die Frage gestellt, ob Handwerksbetriebe ganz auf Mitarbeiter verzichten oder ihnen eine Teilzeitarbeit anbieten, sollte die Antwort eindeutig sein. Industrieunternehmen wie z. B. die BASF in Ludwigshafen bieten ihren Mitarbeitern (z. B. als Chemiefacharbeiter im Schichtbetrieb tätig), die gemeinsam und gleichberechtigt ihre Kinder erziehen, an, dass sie jeweils einen Arbeitsvertrag mit 75 % bekommen. Damit kann dann bei der Schichtplanung auf ihre persönlichen Bedürfnisse Rücksicht genommen werden. Durch attraktive Arbeitszeiten und eine gute Vereinbarkeit von Familie und Beruf werden heute schon in vielen Gewerken des Handwerks zahlreiche weibliche Arbeitskräfte gewonnen.

Mitarbeiter binden

Eine weitere Möglichkeit besteht darin, dass das Unternehmen seinen Mitarbeitern Langzeitkonten anbietet und diese ihr Langzeitkonto dafür nutzen, um im höheren Alter ihre Arbeitszeit ohne Verdienstausfall zu kürzen. Der Betrieb kann die Einführung und Nutzung der Langzeitkonten durch betriebliche Zuschüsse attraktiver gestalten und so die Beschäftigungsfähigkeit der Mitarbeiter fördern sowie Mitarbeiter stärker an das Unternehmen binden.

6.4 Verknüpfungen von Leistung und Formen der Auszahlung

In den vorangegangenen Kapiteln wurden zum einen das Vergütungssystem und zum anderen das der Auszahlung der Vergütung beschrieben. Diese beiden voneinander zunächst unabhängig zu sehenden Systeme werden in der betrieblichen Praxis häufig in der einen oder anderen Form fest miteinander kombiniert. In der betrieblichen Praxis haben sich insbesondere die in der nachfolgenden Tabelle genannten Kombinationen herauskristallisiert.

Leistung des Mitarbeiters	Gegenleistung des Arbeitgebers
Individuell	
Neukunden geworben	20,– € Warengutschein
Neuen Mitarbeiter geworben	44,– € Warengutschein + 1 Tag bezahlter Sonderurlaub
Wichtiges Projekt besonders gut abgeschlossen	Wochenende für zwei Personen im Luxushotel in Urlaubsregion
Größeres Projekt besonders gut abgeschlossen	2 Tage bezahlter Sonderurlaub
Größeres Projekt besonders gut abgeschlossen	Finanzierung einer Weiterbildungsmaßnahme außerhalb der Arbeitszeit
Größeres Projekt besonders gut abgeschlossen	Finanzierung einer Weiterbildungsmaßnahme in der Arbeitszeit
Jährliche Leistungsprämie	Zusätzlich zu monatlichen Beiträgen in betriebliche Altersversorgung
Jährliche Erfolgsbeteiligung	Zusätzlich zu monatlichen Beiträgen in betriebliche Altersversorgung
Team	
Außergewöhnlicher Arbeitseinsatz	gemeinsames Essen und Trinken frei
Größeres Projekt besonders gut abgeschlossen, Qualität & Produktivität	Freitagnachmittag 4 Stunden frei, ½ Tag bezahlter Sonderurlaub
Krankenstand im letzten Geschäftsjahr unter 4,0 %	2 Tage bezahlter Sonderurlaub für alle Teammitglieder

Häufige Verknüpfung von Leistung und Gegenleistung in der Praxis

7. GOOD PAY IN DER PRAXIS – VIER BETRIEBLICHE BEISPIELE

Anschließend werden vier unterschiedliche Praxislösungen von Good Pay vorgestellt, die auf die jeweilige betriebliche Situation passgenau zugeschnitten sind.

Hierzu werden zunächst der jeweilige Handwerksbetrieb, seine Arbeitsform, die Arbeitszeitgestaltung sowie der Arbeitsort beschrieben. Anschließend wird das praktizierte Good Pay beschrieben und bewertet.

7.1 Erstes Beispiel: Elektrohandwerk

Der Handwerksbetrieb

Der Betrieb des Elektrohandwerks wurde 1991 vom jetzigen Inhaber in einer Großstadt gegründet und schrittweise auf 40 Mitarbeiter ausgebaut. Der Fachbetrieb arbeitet mit ca. einem Viertel seiner Mitarbeiter im Elektroservice und mit ca. drei Viertel der Mitarbeiter auf größeren Baustellen, z. B. bei Neubauten von Einkaufscentren, größeren Bauprojekten und Pflegeheimen.

Handwerksbetrieb	Betriebliche Situation
Branche	Elektrohandwerk
Gründungsjahr	1991
Rechtsform	GmbH
Region	Großstadt
Anzahl Mitarbeiter	40
Tarifgebundenheit	nein
Betriebsrat	ja, als Mitarbeiterrat
Lohn-/Gehaltsabrechnung	Steuerberater
Arbeitsform	Einzelarbeit und Teamarbeit
Arbeitsort	beim Kunden und auf Baustellen der Kunden

Arbeitszeit	Jahresarbeitszeit Dauer: grundsätzlich 40 Stunden/Woche Lage: grundsätzlich Montag bis Freitag, täglich 8 Stunden; auf Baustellen Montag bis Donnerstag 9 Stunden, Freitag vier Stunden Verteilung: gleichmäßig über das Jahr
Schichtsystem	Tagschicht Wochenendrufbereitschaft 10 MA je 5 Wochenenden/Jahr
Betriebliche Sozia -/Zusatzleistungen	vermögensbildende und altersvorsorgende Leistungen Urlaubs- und Weihnachtsgeld Jobticket Warengutschein für unfallfreies Fahren Erfolgsbeteiligung entsprechend der Anwesenheit

Steckbrief des Handwerksbetriebs

Das inhabergeführte Unternehmen ist nicht tarifgebunden. Es wird vom Gründer geführt, der die Politik des offenen Büros verfolgt. Vor 12 Jahren wurde ein Mitarbeiterrat als Gegenüber des Inhabers und als Sprecher der Mitarbeiter gegründet. Der Mitarbeiterrat hat Informations- und Beratungsrechte, er ist nicht mit den weitreichenden Mitbestimmungsrechten eines Betriebsrates ausgestattet. Praktisch fallen alle Entscheidungen nach Beratung im Konsens zwischen Inhaber und Mitarbeiterrat.

Die monatliche Lohn- und Gehaltsabrechnung erfolgt durch den Steuerberater, die Führung der individuellen Zeitkonten der Mitarbeiter wird täglich von einem Mitarbeiter im Büro aufgrund der Reporte durchgeführt.

Arbeitsformen und Arbeitszeit

Die praktizierten Arbeitsformen sind in der Regel Teamarbeit, selten Einzelarbeit. Die Teams bestehen aus zwei bis sechs Mitarbeitern und sind auf die Baustellen sowie die einzuhaltenden Termine zugeschnitten.

Die wöchentliche Arbeitszeit der Mitarbeiter beträgt 40 Stunden und verteilt sich im Service in der Regel gleichmäßig auf 5 Tage die Woche von Montag bis Freitag. Auf Baustellen wird von Montag bis Donnerstag 9 Stunden und am Freitag 4 Stunden gearbeitet. Abweichungen von der Soll-Arbeitszeit werden täglich erfasst und in einem Zeitkonto als Plusstunden oder Minusstunden dokumentiert. Die Mitarbeiter können so bei Arbeiten beim Kunden, die sich länger hinziehen als geplant oder auch einmal früher beendet sind, flexibel reagieren. Ebenso können sie, in Absprache mit dem Teamleiter, aufgrund persönlicher Termine oder Wünsche frei nehmen. Bei witterungsabhängigen

Baustellen kann mit dem Zeitkonto auch auf entsprechende (saisonale) Schwankungen reagiert werden.

Die 10 Mitarbeiter, die grundsätzlich im Service arbeiten, übernehmen auch die Rufbereitschaft am Wochenende. Grundsätzlich übernimmt jeder der 10 Mitarbeiter die Rufbereitschaft an 5 bis 6 Wochenenden. Die Termine werden untereinander abgestimmt.

Good Pay

Grundentgelt

Die Mitarbeiter erhalten einen gleichbleibenden Monatslohn – unabhängig von den im jeweiligen Monat geleisteten Arbeitsstunden. Abweichungen von den monatlichen Soll-Stunden werden im Zeitkonto erfasst und sind zuschlagsfrei. Drei Entgeltgruppen sind beispielhaft in nachfolgender Tabelle beschrieben.

Beschreibung der Entgeltgruppen (EG) Auszug

Entgelt-gruppen	Qualifikationsmerkmale	Tätigkeitsmerkmale
EG V	Einschlägige gewerblich-technische oder kaufmännische Berufsausbildung mit Abschluss und Berufspraxis.	Tätigkeiten qualifizierter Art, die nach allgemeiner Anweisung teilweise selbstständig ausgeführt werden.
EG VI Eckentgelt	Einschlägige gewerblich-technische oder kaufmännische Berufsausbildung mit Abschluss und Berufspraxis sowie Fachkenntnissen auf verschiedenen technischen bzw. kaufmännischen Sachgebieten.	Tätigkeiten qualifizierter Art, die nach allgemeiner Anweisung selbstständig ausgeführt werden.
EG VII	Einschlägige gewerblich-technische oder kaufmännische Berufsausbildung mit Abschluss und Berufspraxis sowie Fachkenntnissen auf verschiedenen technischen bzw. kaufmännischen Sachgebieten mit mehrjähriger Berufserfahrung.	Tätigkeiten qualifizierter Art, die nach allgemeiner Anweisung selbstständig ausgeführt werden.

Betriebliche Entgeltgruppenbeschreibungen

Die maximalen Guthabenstunden im Zeitkonto betragen 160 Stunden, d. h. maximal 4 Wochen Arbeitszeit; die maximalen Minusstunden im Zeitkonto betragen 80 Stunden, d. h. maximal 2 Wochen Arbeitszeit.

Stunden, die über das maximale Zeitstundenkonto hinausgehen, werden mit einem Überstundenzuschlag von 25 % ausgezahlt.

Rufbereitschaft

Die Vergütung für die Rufbereitschaft wird mit dem jeweiligen Monatsgehalt ausgezahlt und im Zeitkonto nicht berücksichtigt. Die Höhe der Rufbereitschaft wird für Samstag und Sonntag differenziert mit jeweils einem Pauschalbetrag vergütet. Bei Arbeitseinsätzen werden die anfallenden Arbeitszeiten mit einem Zuschlag von 25 % für samstags und 50 % für sonntags vergütet.

Jobticket

Seit dem Jahr 2012 erhalten die Mitarbeiter ein Jobticket vom Arbeitgeber, das aufgrund der guten Anbindung an die öffentlichen Verkehrsmittel in der Großstadt und der beschränkten Parkmöglichkeiten im Betrieb dankend angenommen wird. Das Jobticket ist steuer- und sozialversicherungsfrei und wird vom Arbeitgeber zusätzlich zum Monatsgehalt gezahlt.

Vermögensbildende bzw. altersvorsorgewirksame Leistungen

Zeitraum	Vollzeitmitarbeiter	Auszubildende
monatlich	26,59 €	13,29 €
jährlich	319,08 €	158,48 €

Vermögensbildende und altersvorsorgewirksame Leistungen

Die Mitarbeiter erhalten nach dem erfolgreichen Abschluss der Probezeit vermögensbildende bzw. altersvorsorgewirksame Leistungen des Arbeitgebers. Diese Leistungen sind steuer- und sozialversicherungsfrei.

Urlaubs- und Weihnachtsgeld

Volles Jahr der Betriebszugehörigkeit	1. Jahr	2. Jahr	3. Jahr	4. Jahr
Urlaubsgeld in von Hundert eines Monatsentgeltes	20 %	30 %	40 %	50 %
Weihnachtsgeld in von Hundert eines Monatsentgeltes	20 %	30 %	40 %	50 %

Urlaubs- und Weihnachtsgeld

In Anlehnung an die Branchentarifverträge werden Urlaubs- und Weihnachtgeld gezahlt, dabei ist die Höhe der Sonderzahlungen von der Betriebszugehörigkeit der Mitarbeiter abhängig.

Unfallfreies Fahren mit dem Dienstwagen

Aufgrund einer relativ hohen Unfallrate der Mitarbeiter, häufig nur kleine Kratzer und abgerissene Spiegel – insbesondere beim Einparken in der Großstadt – und den damit verbundenen Unannehmlichkeiten und Zeitverlusten sowie einer hohen Versicherungspolice entschloss sich der Inhaber zu einer Belohnung für unfallfreies Fahren. Jeder Mitarbeiter, der einen Monat unfallfrei fährt, bekommt einen steuer- und sozialversicherungsfreien Warengutschein in Höhe von 44,– €. Bei einem selbst verschuldeten Unfall erhält der Mitarbeiter den Warengutschein 6 Monate lang nicht. Der Warengutschein ist so ausgestattet, dass die Mitarbeiter bei einer Tankstelle monatlich im Wert von 44,– € tanken können, die Kosten hierfür übernimmt der Betrieb.

Warengutschein in Höhe	Wert netto	Wert brutto bei Steuerklasse 1
44,- €	44,- €	ca. 90,- €

Warengutschein

Ergebnisbeteiligung

Im Jahr 2016, beim 25-jährigen Bestehen des Handwerkbetriebs, entschloss sich der Inhaber, die Mitarbeiter am Erfolg des Unternehmens entsprechend ihrem Leistungsbeitrag zum Unternehmenserfolg zu beteiligen. Die Mitarbeiter erhalten 10 % des Jahresgewinns. Dieser wird auf die Mitarbeiter entsprechend ihrer geleisteten Arbeitsstunden im vergangenen Jahr anteilig verteilt.

Ergebnisbeteiligung der Mitarbeiter im Jahr 2019 (Beispiel)		
Rechenweg	**Zahlenbeispiel**	**Ergebnisbeteiligung einzelner Mitarbeiter**
Unternehmensgewinn	360.000,- €	
10 % Anteil für die Mitarbeiter	36.000,- €	
Beitrag je Vollzeitmitarbeiter im Durchschnitt	900,- €	
Auszahlung entsprechend der geleisteten Arbeitsstunden 2019		
1.800 Arbeitsstunden Mitarbeiter A (durchschnittliche Arbeitszeit)	$\frac{900,-€ \times 1.800 \text{ Std.}}{1.800 \text{ Std.}}$	900,- €
2.000 Arbeitsstunden Mitarbeiter B	$\frac{900,-€ \times 2.000 \text{ Std.}}{1.800 \text{ Std.}}$	1.000,- €
1600 Arbeitsstunden Mitarbeiter C	$\frac{900,-€ \times 1.600 \text{ Std.}}{1.800 \text{ Std.}}$	800,- €

Berechnung der Ergebnisbeteiligung der Mitarbeiter

Die vorstehende Tabelle zeigt den Rechenweg zur Ermittlung der individuellen Ergebnisbeteiligung. Der Unternehmensgewinn wird nach den im Unternehmen üblichen Regeln vom Steuerberater ermittelt und dem Mitarbeiterrat gegenüber erläutert. Diese Transparenz ist wichtig für die Glaubwürdigkeit der Berechnung der Ergebnisbeteiligung. 10 % des Unternehmensgewinns werden an die Mitarbeiter ausgezahlt und ein entsprechendes Budget gebildet. Die durchschnittliche Ergebnisbeteiligung je Vollzeit-Mitarbeiter beträgt 900,– €. Sie errechnet sich aus dem Budget und der Anzahl der Vollzeitmitarbeiter im Unternehmen im Jahr 2019. Die von den Mitarbeitern im Jahr 2019 geleisteten Arbeitsstunden werden aufaddiert und die durchschnittliche Arbeitszeit je Mitarbeiter ermittelt – im vorliegenden Fall 1.800 Arbeitsstunden –, die Mitarbeiter A auch exakt erbringt. Zur Berechnung der individuellen Ergebnisbeteiligung wird die durchschnittliche individuelle Ergebnisbeteiligung von 900,– € durch die durchschnittliche Arbeitszeit von 1.800 Stunden dividiert und mit der individuellen Arbeitszeit der Mitarbeiter multipliziert. Im Fall von Mitarbeiter B sind das 2.000 Stunden, die im Jahr 2019 geleistet wurden, bei Mitarbeiter C 1.600 Stunden. Die individuell geleisteten, wertschöpfenden Arbeitsstunden der Mitarbeiter berücksichtigen sowohl die Stunden, die in das Zeitkonto eingingen, wie auch die geleisteten Überstunden. Stunden, die bei Krankheit aufgrund der Lohnfortzahlung bezahlt wurden, und Zeiten des Urlaubs gehen nicht in die Berechnung der Arbeitsstunden ein.

Die Stunden aller Mitarbeiter – Auszubildende ausgenommen – werden ab dem Ablauf der Probezeit gleich gewichtet, unabhängig von der Tätigkeit der Mitarbeiter. Hinter diesem Vorgehen stehen die Unternehmenswerte und die Unternehmenskultur, dass alle Mitarbeiter zum Erfolg beitragen und die Kette so stark ist wie ihr schwächstes Glied.

Erfahrungen und Bewertung

Unternehmer und Mitarbeiter sind mit dem über die Jahre entwickelten Vergütungssystem zufrieden. Die 40-Stunden-Arbeitszeit in der Woche ermöglicht es den Mitarbeitern – im Vergleich zu kürzeren tariflichen Arbeitszeiten der Branche, aber auch anderer Branchen –, ein attraktives Einkommen zu erzielen. Diese Arbeitszeit lindert auch den Fachkräftemangel in der boomenden Phase der Bauindustrie und des Elektrohandwerks bei dem sich weiterhin abzeichnenden Fachkräftemangel.

Das gleichmäßige Monatsentgelt, verknüpft mit Jahresarbeitszeit und Zeitkonten, wird von den Mitarbeitern ebenso geschätzt wie vom Unternehmer. Die Bereitschaft, auch ins Minus des Zeitkontos zu gehen, ist – trotz anfänglicher Zurückhaltung der Mitarbeiter – hoch.

Mit den vermögenswirksamen Leistungen und dem Urlaubs- und Weihnachtsgeld orientiert sich das Unternehmen am tariflichen Umfeld. Das Jobticket ist in dem Ballungsraum mit guten öffentlichen Verkehrssystem sehr geschätzt.

Das gilt auch für die Ergebnisbeteiligung, nachdem erste Berührungsängste überwunden waren und die Mitarbeiter verstanden haben, dass sie kein Risiko tragen, sondern nur Chancen haben. Die Ergebnisbeteiligung wirkt sich positiv, insbesondere auf den Krankenstand, aus. Dabei steht die Höhe der Erfolgsbeteiligung bei den Mitarbeitern nicht im Vordergrund, sondern die Botschaft „Du bist wichtig, wir brauchen dich“. Die Ergebnisbeteiligung hat sich bewährt, sie führt zu einer stärkeren Identifikation der Mitarbeiter mit „ihrem“ Unternehmen und demzufolge zu einer unterdurchschnittlichen Fluktuation und Krankheitsrate.

Die Einführung des Warengutscheins für unfallfreie Fahrten mit dem Dienstwagen wurde zunächst skeptisch gesehen, schließlich werden die Unfälle ja nicht absichtlich oder grob fahrlässig verursacht. Nach der Einführung der Belohnung für unfallfreies Fahren zeigte sich jedoch, dass die Unfallquote auf ca. 50 % sank. Diese Erfahrung haben auch andere Handwerksbetriebe in den letzten Jahren gemacht.

Der offene und transparente Umgang des Inhabers mit den Mitarbeitern – auch bei Good Pay – wird geschätzt und führt nicht zuletzt zu einer hohen Arbeitszufriedenheit und Motivation der Mitarbeiter.

7.2 Zweites Beispiel: Sanitärhandwerk

Das Unternehmen des Heizungs- und Sanitärhandwerks wurde vom jetzigen Inhaber 1993 in einer ländlichen Gegend gegründet und schrittweise auf 25 Mitarbeiter ausgebaut. Der Fachbetrieb arbeitet mit ca. einem Drittel seiner Mitarbeiter im Heizungsbau und mit ca. zwei Dritteln im Sanitärbereich. Kunden sind überwiegend Haushalte, Kommunen und kleinere Gewerbetreibende.

Handwerksbetrieb	Betriebliche Situation
Branche	Heizungs- und Sanitärhandwerk
Gründungsjahr	1993
Rechtsform	GmbH
Region	ländlicher Raum
Anzahl Mitarbeiter	25

Tarifgebundenheit	nein
Betriebsrat	nein
Lohn-/Gehaltsabrechnung	Steuerberater
Arbeitsform	Einzelarbeit und Teamarbeit
Arbeitsort	beim Kunden und auf Baustellen der Kunden
Arbeitszeit	Dauer 40 Stunden/Woche Lage: Montag bis Donnerstag täglich 8,5 Stunden Freitag 6 Stunden Die gearbeiteten Stunden werden monatlich bezahlt.
Schichtsystem	Tagschicht Wochenendrufbereitschaft freiwillig, 4 bis 6 Wochenenden/Jahr
Betriebliche Sozial-/Zusatzleistungen	vermögensbildende und altersvorsorgewirksame Leistungen Weihnachtsgeld Mitarbeiterkapitalbeteiligung
Cafeteria-System Wahlmöglichkeiten	Geld oder Zeit

Steckbrief des Handwerksbetrieb

Der vom Gründer geführte Handwerksbetrieb ist nicht tarifgebunden und hat keinen Betriebsrat. Die Anliegen der Mitarbeiter werden direkt mit dem Chef besprochen und zeitnah geklärt.

Die monatliche Lohn- und Gehaltsabrechnung erfolgt durch den Steuerberater. Es werden die im jeweiligen Monat gearbeiteten Stunden aufgrund der Reporte vergütet. Wenn die monatliche Arbeitszeit die vertragliche Arbeitszeit überschreitet, werden für diese Stunden 15 % Mehrarbeitszuschlag gezahlt.

Arbeitsformen und Arbeitszeit

Die praktizierte Arbeitsform ist in der Regel Teamarbeit, die Teamgröße ist auf die Kunden, die Baustellen und die Termine zugeschnitten und umfasst i. d. R. zwei Mitarbeiter.

Die wöchentliche Arbeitszeit der Vollzeitmitarbeiter beträgt 40 Stunden und verteilt sich gewöhnlich auf 5 Tage in der Woche. Die Arbeitszeit beträgt von Montag bis Donnerstag 8,5 Stunden und am Freitag 6 Stunden. Bei Verzögerungen von Arbeiten oder unvorhergesehenen Zwischenfällen, die zu zeitlichen Verzögerungen führen, kann damit der Freitagnachmittag gut als Zeitpuffer genutzt werden, ohne samstags zu arbeiten. Acht Mitarbeiter arbeiten in Teilzeit.

Diejenigen Mitarbeiter, die im Heizungsbau arbeiten, übernehmen auch die Rufbereitschaft am Wochenende, beschränkt auf die kältere Jahreszeit. Die Vergütung für die Rufbereitschaft wird mit der jeweiligen monatlichen Lohn- und Gehaltszahlung ausgezahlt. Die Rufbereitschaft wird mit 10 % des Stundenlohns für die Dauer der Rufbereitschaft vergütet, bei Arbeitseinsätzen werden die anfallenden Arbeitszeiten mit einem Zuschlag von 25 % für samstags und 50 % für sonntags vergütet.

Good Pay

Grundentgelt

Die Mitarbeiter erhalten monatlich ihr Entgelt entsprechend den geleisteten Arbeitsstunden. Die Stunden, die über die monatliche arbeitsvertragliche Arbeitszeit hinausgehen, werden mit 15% Mehrarbeitszuschlag vergütet.

Vermögensbildende bzw. altersvorsorgewirksame Leistungen

Zeitraum	Vollzeitmitarbeiter	Auszubildende
monatlich	26,59 €	13,29 €
jährlich	319,08 €	158,48 €

Vermögensbildende und altersvorsorgewirksame Leistungen

Die Mitarbeiter erhalten nach erfolgreichem Abschluss der Probezeit vermögensbildende bzw. altersvorsorgewirksame Leistungen des Arbeitgebers. Diese Leistungen sind steuer- und sozialversicherungsfrei.

Weihnachtsgeld

Volles Jahr der Betriebszugehörigkeit	1. Jahr	2. Jahr	3. Jahr	4. Jahr
Weihnachtsgeld in von Hundert eines Monatsentgeltes	15%	30%	45%	60%

Weihnachtsgeld

In Anlehnung an die Branchentarifverträge wird ein Weihnachtgeld gezahlt. Dabei ist die Höhe der Sonderzahlungen von der Betriebszugehörigkeit der Mitarbeiter nach dem erfolgreichen Abschluss der Probezeit abhängig.

Mitarbeiterkapitalbeteiligung

Im Jahr 1997 – damals mit 8 Mitarbeitern – erlebte das Unternehmen eine Krise. Die Aufträge gingen zurück, und die Mitarbeiter fürchteten um ihre Arbeitsplätze. Zunächst gingen die Mitarbeiter in die gesetzliche Kurzarbeit, nach deren zeitlichem Ablauf, als es schon Licht am Ende des Tunnels gab, reduzierten die Mitarbeiter freiwillig ihre Arbeitszeit mit entsprechend reduzierter Bezahlung von 40 auf 32 Stunden. Das Unternehmen kam erfolgreich aus der Krise und führte dann ab Januar 2001 eine Mitarbeiterkapitalbeteiligung ein. Ziel dieser Maßnahme war es, zum einen den Mitarbeitern mehr Netto vom Brutto zu geben und zum anderen das Zusammenstehen in der Krise zu belohnen und die gemeinsamen Interessen von Mitarbeitern und Unternehmen, das gemeinsame Miteinander, auch zukünftig zu stärken.

Der Inhaber gründete eine Mitarbeiterbeteiligung-Bonus-GbR (MKB-Bonus-GbR), die an der Handwerks GmbH mit 20 % beteiligt ist. Mitarbeiter, die die Probezeit erfolgreich absolvierten, bekommen die Möglichkeit, sich ab dem darauffolgenden Monat an der MKB-Bonus-GbR mit 50,– € zu beteiligen. Das wird von den meisten Mitarbeitern angenommen, im vorliegenden Fall sind es 20 Mitarbeiter. Geschäftsführender Gesellschafter der MKB-Bonus-GbR und Mehrheitsgesellschafter ist der Inhaber des Handwerksbetriebs. In den jährlichen Gesellschafterversammlungen der GbR werden die Mitarbeiter – nicht der geschäftsführende Gesellschafter – aufgrund ihrer Gesellschaftsanteile am Gewinn des Unternehmens beteiligt. Die Beteiligung erfolgt aufgrund der im vorangegangenen Wirtschaftsjahr geleisteten Arbeitsstunden. Der Gewinn je Arbeitsstunde wird ermittelt und als Gewinnbeteiligung an jeden Mitarbeiter-Gesellschafter ausgezahlt.

Gewinnbeteiligung der Mitarbeiter im Jahr 2019 (Beispiel)

Rechenweg	Zahlenbeispiel	Ergebnisbeteiligung einzelner Mitarbeiter
Unternehmensgewinn GmbH	200.000,– €	
Anteil der MKB-Bonus-GbR an der GmbH	20 %	
Gewinnanteil der MKB-Bonus-GbR	40.000,– €	
Anteil des Inhabers an der MKB-Bonus-GbR 75 % ohne Gewinnbeteiligung	75 %	
Gewinnanteil des Inhabers	0 %	
20 Mitarbeiter haben sich mit 1 % beteiligt, d. h. zusammen 20% an der MKB-Bonus-GbR	20 % der MKB-Bonus-GbR	
Gewinnanteil aller Mitarbeiter	40.000,– €	
durchschnittlicher Gewinnanteil je Vollzeit-Mitarbeiter	2.000,– €	

Auszahlung entsprechend der geleisteten Arbeitsstunden 2019		
1.800 Arbeitsstunden Mitarbeiter A (durchschnittliche Arbeitszeit)	$\frac{2.000,- € \times 1.800 \text{ Std.}}{1.800 \text{ Std.}}$	2.000,- €
2.000 Arbeitsstunden Mitarbeiter B	$\frac{2.000,- € \times 2.000 \text{ Std.}}{1.800 \text{ Std.}}$	2.222,- €
1600 Arbeitsstunden Mitarbeiter C	$\frac{2.000,- € \times 1.600 \text{ Std.}}{1.800 \text{ Std.}}$	1.778,- €

Berechnung der Gewinnbeteiligung der Mitarbeiter-Gesellschafter

Die vorstehende Tabelle zeigt den Rechenweg zur Ermittlung der individuellen Gewinnbeteiligung. Der Unternehmensgewinn wird nach den im Unternehmen üblichen Regeln vom Steuerberater ermittelt. 20 % des Unternehmensgewinns werden an die MKB-Bonus-GbR ausgezahlt. In der GbR ist der Inhaber einerseits Mehrheitsgesellschafter und will das auch bleiben. Andererseits möchte er, dass die Gewinnbeteiligung, die an die MKB-Bonus-GbR ausgeschüttet wird, auch bei den Mitarbeitern ankommt. Er selbst ist deshalb von der Gewinnbeteiligung in der MKB-Bonus-GbR ausgeschlossen.

Die Gewinn- und Verlustrechnung der Handwerks-GmbH ist für die Mitarbeiter transparent, sie wird in den Gesellschafterversammlungen der MKB-Bonus-GbR ebenso erläutert wie die aufgrund der individuell geleisteten Arbeitsstunden ermittelte individuelle Gewinnbeteiligung. Diese Transparenz ist wichtig für die Glaubwürdigkeit und das Vertrauen der Mitarbeiter in den Inhaber.

Die durchschnittliche Ergebnisbeteiligung je Vollzeitmitarbeiter beträgt im Beispiel 2.000,- €. Sie errechnet sich aus der Ausschüttung der Handwerker-GmbH an die MKB-Bonus-GbR und der Anzahl der im Vorjahr geleisteten Arbeitsstunden. Die von den Mitarbeitern im Jahr 2019 geleisteten Arbeitsstunden werden aufaddiert und die durchschnittliche Arbeitszeit je Mitarbeiter ermittelt – im vorliegenden Fall 1.800 Arbeitsstunden –, die Mitarbeiter A auch exakt erbringt. Zur Berechnung der individuellen Ergebnisbeteiligung wird die durchschnittliche individuelle Gewinnbeteiligung von 2.000,- € durch die durchschnittliche Arbeitszeit von 1.800 Stunden dividiert und mit der individuellen Arbeitszeit der Mitarbeiter multipliziert. Im Fall von Mitarbeiter B sind das 2.000 Stunden, die im Jahr 2019 geleistet wurden. Die individuell geleisteten, wertschöpfenden Arbeitsstunden der Mitarbeiter berücksichtigen auch die geleisteten Überstunden.

Stunden, die bei Krankheit aufgrund der Lohnfortzahlung bezahlt wurden, gehen nicht in die Berechnung der Arbeitsstunden ein.

Die Stunden aller Mitarbeiter – Auszubildende ausgenommen – werden ab dem Ablauf der Probezeit gleich gewichtet, unabhängig von der Tätigkeit der Mitarbeiter. Hinter diesem Vorgehen steht die Unternehmensphilosophie und -kultur, dass alle Mitarbeiter zum Erfolg beitragen und die Kette so stark ist wie ihr schwächstes Glied.

Diese Gewinnbeteiligung ist ein Kapitalertrag und kein Arbeitsentgelt, kein Lohn. Der Gewinn als Kapitalertrag ist nicht sozialversicherungspflichtig, sondern nur mit der Kapitalertragssteuer in Höhe von 25 % zu versteuern. Die Auszahlung der Gewinnbeteiligung der Mitarbeiter erfolgt spätestens im Juni des Folgejahres, wenn der Jahresabschluss des Handwerksbetriebes vorliegt und darauf aufbauend der Gewinn der MKB-Bonus-GbR.

Den Mitarbeitern werden bei Vertragsabschluss die Auswirkungen der sozialversicherungsfreien Gewinnbeteiligung – als Alternative zu einem Urlaubsgeld – auf die Altersversorgung, im Fall der Arbeitslosigkeit und die Lohnfortzahlung im Krankheitsfall erläutert und Gegenstrategien, wie z. B. eine attraktive Gehaltsumwandlung für die Altersversorgung, besprochen.

Erfahrungen und Bewertung

Inhaber und Mitarbeiter sind mit dem über die Jahre entwickelten betriebsspezifischen Good Pay sehr zufrieden. Die 40-Stunden-Arbeitszeit in der Woche ermöglicht es den Mitarbeitern – im Vergleich zu kürzeren tariflichen Arbeitszeiten –, ein attraktives Einkommen zu erzielen. Die Arbeitszeit lindert auch den Fachkräftemangel im Betrieb.

Die Wochenarbeitszeit mit vier langen Arbeitstagen und nach Möglichkeit einem freien Freitagnachmittag bzw. einem guten Zeitpuffer wird von den Mitarbeitern ebenso geschätzt wie vom Inhaber.

Mit den vermögenswirksamen Leistungen und dem Weihnachtsgeld orientiert sich das Unternehmen am Arbeitsmarkt.

Die MKB-Bonus-GbR hat sich bewährt, sie führt zu einer stärkeren Identifikation der Mitarbeiter mit „ihrem“ Unternehmen und demzufolge zu einer unterdurchschnittlichen Fluktuation und Krankheitsrate. Der offene und transparente Umgang des Inhabers mit den betriebswirtschaftlichen Zahlen des Unternehmens wird äußerst geschätzt. Er zeigt den Mitarbeitern, dass der Betrieb wirtschaftlich gut dasteht und ein sicherer Arbeitgeber ist. Das führt nicht zuletzt zu einer hohen Arbeitszufriedenheit, Identifikation mit dem Unternehmen und Motivation der Mitarbeiter.

7.3 Drittes Beispiel: Friseurhandwerk

Das Friseurgeschäft wurde 1923 gegründet und ist in der 4. Generation in Familienbesitz. In der 3. Generation begann die Expansion. Mittlerweile gehören zum Stammsitz in der Stadt zwei Filialen und drei weitere in den umliegenden Orten.

Handwerksbetrieb	Betriebliche Situation
Branche	Friseurhandwerk
Gründungsjahr	1923
Rechtsform	GmbH
Region	Kleinstadt im ländlichen Raum
Anzahl Mitarbeiter	42
Tarifgebundenheit	nein
Betriebsrat	nein
Lohn-/Gehaltsabrechnung	Steuerberater
Arbeitsform	Einzelarbeit
Arbeitsort	6 Filialen
Arbeitszeit	Dauer 40 Stunden/Woche Lage: Montag bis Samstag täglich bis zu 8 Stunden
Schichtsystem	Tagschicht mit versetzten Schichten früh/normal/spät Servicezeiten 8.00 bis 19.00 Uhr Monatsentgelt Zeitkonten
Betriebliche Sozial-/Zusatzleistungen	Vermögensbildende Leistungen

Steckbrief des Friseurhandwerksbetriebs

Das Familienunternehmen ist nicht tarifgebunden, es hat keinen Betriebsrat. In jeder Filiale gib es eine Filialleitung. Die Mitarbeiter haben ihre Stammfiliale, helfen aber bei Bedarf auch in anderen Filialen aus. Ca. 90 % ihrer Arbeitszeit arbeiten sie in ihrer Stammfiliale und den Rest in 2 bis 3 weiteren Filialen. 18 Mitarbeiter arbeiten Vollzeit, die anderen in Teilzeit mit 20, 25 oder 30 Stunden/Woche.

Arbeitsformen und Arbeitszeit

Die Mitarbeiter arbeiten in einer Filiale als Team, Kunden werden jedoch einzeln bedient. Die Öffnungs- und damit die Servicezeiten der Mitarbeiter sind festgelegt. Aufgrund von Erfahrungswerten über den typischen Arbeitsanfall hinsichtlich der Kundenwünsche nach Terminen wird der wöchentliche und tägliche Personaleinsatzplan, der Dienstplan, aufgestellt. Die Abstimmung, wer wann kommt, wird grundsätzlich durch die Mitarbeiter unter Berücksichtigung ihrer persönlichen Präferenzen geplant. Nur im Konfliktfall schaltet sich die Filialleitung ein. Um trotz der guten Personaleinsatzplanung flexibel zu sein, wurde eine Jahresarbeitszeit mit Zeitkonto eingeführt. Die maximalen Plusstunden betragen 60 Stunden, die maximalen Minusstunden 40 Stunden.

Good Pay

Grundentgelt

Die Mitarbeiter erhalten monatlich ein fixes Gehalt, gestaffelt nach dem Grad der Qualifikation und der einschlägigen Berufserfahrung. Das schlägt sich auch im Preis für die Kunden nieder.

Vermögensbildende bzw. altersvorsorgewirksame Leistungen

Zeitraum	Vollzeitmitarbeiter	Auszubildende
monatlich	13,29 €	---
jährlich	158,48 €	---

Vermögenswirksame Leistungen

Die Mitarbeiter erhalten nach dem erfolgreichen Abschluss der Probezeit vermögensbildende bzw. altersvorsorgewirksame Leistungen des Arbeitgebers. Diese Leistungen sind steuer- und sozialversicherungsfrei.

Leistungsentgelt

Der Handwerksbetrieb zahlt den Mitarbeitern kein Leistungsentgelt, das „übernehmen“ die Kunden, sie geben den Mitarbeitern Trinkgeld (in bar), das ist „steuer- und sozialversicherungsfrei“. Eine gute Leistung aus Sicht der Kunden führt auch zu einer guten und gleichmäßigen Nutzung des Dienstleistungsangebotes und einer guten Auslastung der Mitarbeiter.

Erfahrungen, Bewertung

Inhaber und Mitarbeiter sind mit dem über die Jahre entwickelten betriebsspezifischen Arbeitsbedingungen und Good Pay zufrieden. Die 40-Stunden-Arbeitszeit in der Woche für Vollzeitmitarbeiter und die hohe Teilzeitquote ermöglichen es den Mitarbeitern, einerseits ein Einkommen zu erzielen und andererseits Arbeit und Familie bzw. Arbeit und Freizeit gut miteinander zu vereinbaren.

Die vermögenswirksamen Leistungen sind ein in der Branche seltenes, aber geschätztes Extra. Das direkte Feedback der Kunden, ihre Wertschätzung und das Trinkgeld als „Leistungszulage“ sind natürlich sehr willkommen.

7.4 Viertes Beispiel: Dachdecker- und Klempnerhandwerk

Der Handwerksbetrieb

Der Betrieb des Dachdeckerhandwerks wurde 1954 gegründet und wird in der 3. Generation geführt. Der Betrieb hat 32 Mitarbeiter. Der Inhaber besitzt neben dem Meisterbrief für Dachdecker auch den Meisterbrief für das Klempnerhandwerk. Fünf der 32 Mitarbeiter arbeiten vorwiegend als Klempner. Der Fachbetrieb arbeitet im Neubaugeschäft, z. B. beim Bau von Einfamilienhäusern, für kommunale Auftraggeber sowie Neubauten von Einkaufscentren und Pflegeheimen. Zum Angebot gehören auch Dacherneuerungen und Reparaturen, insbesondere bei Altbauten und anspruchsvollen denkmalgeschützten Objekten.

Handwerksbetrieb	Betriebliche Situation
Branche	Dachdecker- und Klempnerhandwerk
Gründungsjahr	1954
Rechtsform	GmbH
Region	Einzugsbereich einer Großstadt
Anzahl Mitarbeiter	32
Tarifgebundenheit	nein
Betriebsrat	nein
Lohn-/Gehaltsabrechnung	Steuerberater
Arbeitsform	grundsätzlich Teamarbeit
Arbeitsort	auf Baustellen der Kunden

Arbeitszeit	Dauer 40 Stunden/Woche Lage: Saisonbetrieb April bis Oktober: Montag bis Freitag, täglich bis zu 9 Stunden November bis März: Montag bis Freitag, täglich 7 Stunden Jahresarbeitszeit
Schichtsystem	Tagschicht
Betriebliche Sozial-/Zusatzleistungen	vermögensbildende und altersvorsorgewirksame Leistungen Urlaubsgeld
Leistungsvergütung	Team- und Einzelleistung durch Spotboni

Steckbrief des Handwerksbetriebs

Das inhabergeführte Unternehmen, das in der 3. Generation als Familienunternehmen geführt wird, ist nicht tarifgebunden. Durch eine „Politik der offenen Tür" kann sich jeder Mitarbeiter direkt an den Inhaber wenden und tut es bei Bedarf auch. Ein Betriebsrat wurde bisher nicht gewählt. Bei anstehenden grundlegenden Veränderungen oder der Erprobung neuer arbeitsrechtlich relevanter Themen, wie der Einführung der Jahresarbeitszeit, informiert der Inhaber rechtzeitigt über das Anliegen und bezieht die Mitarbeiter oder einzelne von ihnen in die Erarbeitung der Lösungen ein. Die erarbeiteten Lösungen werden vorgestellt und ggf. aufgrund von Hinweisen und Verbesserungsvorschlägen der Mitarbeiter nachjustiert. Dieses transparente Vorgehen und die angemessene Beteiligung der Mitarbeiter sichern die Praxistauglichkeit der Lösungen und ihre Akzeptanz unter den Mitarbeitern. Das transparente Erarbeiten der gemeinsamen passgenauen Lösungen macht bisher einen Betriebsrat entbehrlich.

Die monatliche Lohn- und Gehaltsabrechnung erfolgt durch den Steuerberater. Die individuellen Zeitkonten der Mitarbeiter werden von einem Mitarbeiter im Büro aufgrund der Reporte zeitnah geführt.

Arbeitsformen und Arbeitszeit

Die praktizierte Arbeitsform ist grundsätzlich die Teamarbeit. Die jeweilige Teamgröße ist auf die Größe der Baustellen und die Einhaltung der Fertigstellungstermine zugeschnitten.

Die wöchentliche Arbeitszeit der Mitarbeiter beträgt im Jahresdurchschnitt 40 Stunden und verteilt sich in der Regel auf 5 Tage die Woche von Montag bis Freitag. Fünf Mitarbeiter arbeiten in Teilzeit, um je nach Lebensumständen, Familie und Beruf eine vorübergehende berufsbegleitende Weiterbildung und ein anspruchsvolles Ehrenamt gut miteinander verbinden zu können.

Aufgrund der Arbeit unter freiem Himmel ist die Arbeitszeit saisonal sehr differenziert und an die Jahreszeit sowie die Witterung angepasst. Grundsätzlich wird in den Monaten April bis Oktober bis zu 9 Stunden täglich gearbeitet und in den Monaten November bis März 7 Stunden. In Absprache mit dem Inhaber erfolgt eine Feinabstimmung der Arbeitszeit durch die Baustellenteams vor Ort. Abweichungen von der geplanten Soll-Arbeitszeit werden täglich erfasst und in einem Zeitkonto als Plusstunden oder Minusstunden dokumentiert. Die Mitarbeiter können so bei Arbeiten, die sich länger als geplant hinziehen oder auch einmal früher beendet werden, flexibel reagieren. Ebenso können sie, in Absprache mit dem Teamleiter, aufgrund persönlicher Termine frei nehmen.

Das Zeitkonto kann maximal 160 Stunden im Plus und 100 Stunden im Minus aufweisen. Diese relativ hohen Plus- und Minuswerte hängen mit den saisonal unterschiedlichen wöchentlichen Arbeitszeiten zusammen, die maximalen und minimalen Werte der Zeitkonten reichen in der Praxis aus. Neue Mitarbeiter werden grundsätzlich nicht zu Beginn der Wintersaison eingestellt.

Good Pay

Grundentgelt

Die Mitarbeiter erhalten aufgrund der von ihnen ausgeführten Tätigkeit einen gleichbleibenden Monatslohn, unabhängig von den im jeweiligen Monat geleisteten – saisonal unterschiedlichen – Arbeitsstunden. Abweichungen von den monatlichen Sollstunden werden im Zeitkonto erfasst und sind zuschlagsfrei. Die maximalen Guthabenstunden im Zeitkonto betragen 160 Stunden, die maximalen Minusstunden im Zeitkonto betragen 100 Stunden. Grundsätzlich ist die Arbeitszeit so zu steuern, dass keine Mehrarbeitsstunden anfallen. Stunden, die über das maximale Zeitstundenkonto hinausgehen, werden mit einem Mehrarbeitszuschlag von 25 % ausgezahlt.

Vermögensbildende bzw. altersvorsorgewirksame Leistungen

Zeitraum	Vollzeitmitarbeiter	Auszubildende
monatlich	26,59 €	13,29 €
jährlich	319,08 €	158,48 €

Vermögensbildende Leistungen

Die Mitarbeiter erhalten nach erfolgreichem Abschluss der Probezeit vermögensbildende bzw. altersvorsorgewirksame Leistungen des Arbeitgebers. Diese Leistungen sind steuer- und sozialversicherungsfrei.

Urlaubsgeld

Volles Jahr der Betriebszugehörigkeit	1. Jahr	2. Jahr	3. Jahr	4. Jahr
Urlaubsgeld in von Hundert eines Monatsentgeltes	---	20 %	35 %	50 %

Urlaubsgeld

Die Mitarbeiter erhalten jährlich ein Urlaubsgeld. In diesem Betrieb ist das Urlaubsgeld relativ hoch, weil es den Mitarbeitern in der saisonalen Phase der längeren Arbeitszeiten ein Motivator sein soll und weil es in dieser Phase liquiditätsmäßig gut in das Budget des Betriebs passt. Die Höhe der Sonderzahlungen ist von der Betriebszugehörigkeit der Mitarbeiter nach der Probezeit abhängig.

Spotboni

Schon in der Gründungszeit des Betriebs legte der Großvater des jetzigen Inhabers viel Wert auf eine gute, qualitative und quantitative Leistung seiner Mitarbeiter. Er sparte – als paternalistischer Handwerksmeister – nicht mit konstruktiver Kritik und Lob. Er praktizierte auch einen – wie wir heute sagen – Spotbonus. Wenn Projekte gut gelaufen waren, lud er seine damals sieben Mitarbeiter am Freitagabend zu einem Abendessen in den Biergarten ein. Es kam auch vor, dass er Mitarbeiter, die gerade Vater geworden waren oder kleine Kinder hatten, in der Woche nachmittags, wenn eine Baustelle gut beendet war, das eine oder andere Mal früher nach Hause schickte, damit sie Zeit für Frau und Kind hatten.

Diese Lösung „nach Gutsherren-Art“, passend zur damaligen Unternehmenskultur und dem paternalistischen Gründer des Handwerksbetriebs, hat sich bewährt und wurde weiterentwickelt.

In den letzten Jahren wurde das Spotbonussystem professionalisiert und transparenter gemacht. Die Mitarbeiter erhalten aufgrund besonders guter Teamleistungen bei der Abwicklung von größeren Projekten oder aufgrund besonderer Einzelleistungen einen Spotbonus. Er wird auf Wunsch der Mitarbeiter als Euro-Betrag ausgezahlt oder als Zeit auf dem Zeitkonto gutgeschrieben.

„Zeit oder Geld“

Mit dem zunehmenden Wunsch nach mehr freier Zeit, insbesondere bei jüngeren Mitarbeitern, wurde im Jahr 2018 das Zusatzentgelt „Zeit oder Geld“ eingeführt. Statt 2,5 % Entgelterhöhung im Jahr 2018 erhalten die Vollzeitmitarbeiter mit der Entgeltzahlung für den Oktober des Jahres eine Einmalzahlung in Höhe von 30 % eines Monatsgehaltes. Sie können wählen, ob sie die Einmalzahlung wollen oder 6 Tage à 8 Stunden Urlaub bzw. Zeitgutschrift. Die Zeitgutschrift wird vom Arbeitgeber gewährt, wenn keine betrieblichen Gründe wie z. B. Auftragslage, Krankheit von Kollegen etc. entgegenstehen.

Erfahrungen und Bewertung

Inhaber und Mitarbeiter sind mit dem über die Jahre passgenau entwickelten Good Pay, das auf die Bedürfnisse des Betriebes und der Mitarbeiter zugeschnitten ist, sehr zufrieden. Durch die 40-Stunden-Arbeitszeit in der Woche haben die Mitarbeiter ein attraktives Einkommen. Die Arbeitszeit lindert den jetzigen und sich auch zukünftig abzeichnenden Fachkräftemangel. Mit der Wahlmöglichkeit „Zeit oder Geld“ bietet der Betrieb den Mitarbeitern auch eine Chance der Arbeitszeitverkürzung, die nicht einseitig auf Kosten des Handwerksbetriebs geht.

Das gleichmäßige Monatsentgelt, verknüpft mit der Jahresarbeitszeit und relativ großzügigen Zeitkonten, wird von den Mitarbeitern ebenso geschätzt wie vom Handwerksmeister.

Mit den vermögenswirksamen Leistungen und dem Urlaubsgeld orientiert sich der Betrieb am für den Betrieb relevanten Arbeitsmarkt.

Der Spotbonus wird von den Mitarbeitern geschätzt, weil sie den Eindruck haben, dass er fair und nicht willkürlich gezahlt wird. Darüber hinaus ist er in der Höhe attraktiv. Diese Fairness wird unter anderem dadurch erreicht, dass der Inhaber die Spotboni selbst initiiert oder auf Vorschlag seiner Teamleiter frei gibt. Dadurch ist der gleiche Maßstab für eine besondere Leistung im Betrieb gewährleistet.

8. DER WEG IST DAS ZIEL

Wenn sich ein Handwerksbetrieb entschieden hat, den Weg in Richtung New Work und Good Pay zu gehen, dann ist es sehr wichtig, die nachfolgenden vier Gestaltungsfelder zum einen voneinander zu trennen und sie andererseits eng aufeinander abzustimmen:

New Work, Arbeits- und Arbeitszeitgestaltung

New Work, partizipative Mitarbeiterführung

Good Pay, Werte des Unternehmens und der Vergütung

Good Pay, Auszahlung der Vergütung; Cafeteria-System

Alle vier Themen können im Betrieb gleichzeitig angegangen werden, aber auch schrittweise, wobei grundsätzlich zuerst New Work und dann Good Pay zu beachten bzw. umzusetzen ist.

8.1 Projektgruppe bilden

Der Weg zu New Work und Good Pay ist mit einer Vielzahl von Änderungen charakterisiert, die einerseits zur Unternehmenskultur passen müssen und andererseits eine Weiterentwicklung der Unternehmensorganisation und -kultur darstellen. Diesen Veränderungsprozess geht man am besten in einer Projektgruppe an. Die Zusammenarbeit mehrerer Führungskräfte und Mitarbeiter in der Projektgruppe hat verschiedene Vorteile:

Es werden verschiedene Perspektiven eingebracht.

Es werden unterschiedliche Interessen eingebracht.

Die Projektgruppenmitglieder lernen voneinander und qualifizieren sich für das Thema.

Die qualifizierten Projektgruppenmitglieder sind Multiplikatoren, wenn es um die Umsetzung der Ergebnisse in die Praxis geht.

Die Projektgruppe sollte sich aus Führungskräften und Mitarbeitern sowie ggf. deren Vertretern zusammensetzen. Nachfolgend wird – der Einfachheit halber – von Arbeitnehmervertretern gesprochen.

Zur Erarbeitung und Umsetzung der einzelnen Themen empfiehlt sich ein systematisches Projektmanagement.

Wesentliches Kennzeichen eines Projektmanagements ist die arbeitsteilige Ausführung von vorgegebenen Aufgaben, die durch ein Steuerungsgremium inhaltlich und zeitlich koordiniert und organisiert werden. Dabei sollte man sich von Anfang an vergegenwärtigen, dass der Prozess drei klassische Phasen durchläuft, wie die nachfolgende Abbildung zeigt:

die qualitative Phase, in der das jeweilige Konzept erarbeitet wird,

die quantitative Phase, in der die Auswirkungen in der betrieblichen Praxis bedacht und soweit möglich berechnet werden (z. B. beim Vergütungssystem),

die rechtliche Phase, in der die betrieblichen Spielregeln von Good Pay formuliert und ggf. mit den Arbeitnehmervertretern festgelegt werden.

Systematisches Vorgehen

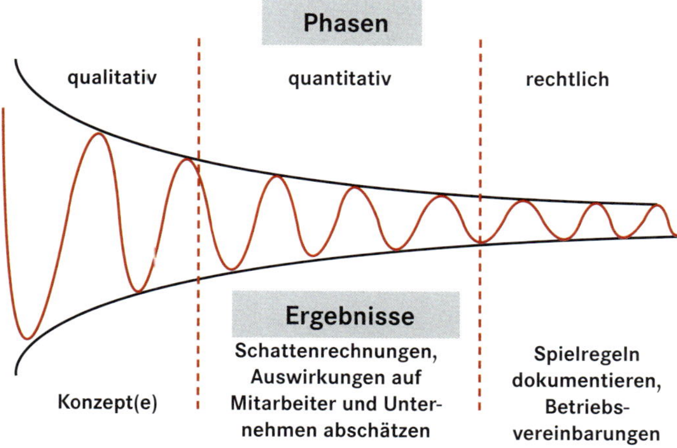

Drei Phasen bei der Gestaltung von Good Pay

8.2 Aufbau der Projektstruktur

Um New Work und Good Pay auf die betrieblichen Bedürfnisse zuzuschneiden und dabei abgestimmt vorzugehen, sollte ein Steuerungsteam (siehe nachfolgende Abbildung) gebildet werden. Dessen Aufgabe ist es, Ziele zu setzen, die verschiedenen Projektteams zu koordinieren und ihre Arbeiten in allen drei Projektphasen sowie der Umsetzungsphase aufeinander abzustimmen. Die Mitglieder des Steuerungsteams setzen sich aus der Geschäftsführung und den Arbeitnehmervertretern zusammen. Die Handwerksbetriebe können sich bei der Einführung von New Work und Good Pay auch von externen Beratern unterstützen lassen, um passgenaue Lösungen zu erarbeiten. In kleineren Handwerksbetrieben kann die Arbeit des Steuerungsteams und der verschiedenen Projektteams auch von einem Projektteam erarbeitet werden. Es ist nicht nötig, „mit Kanonen auf Spatzen zu schießen“.

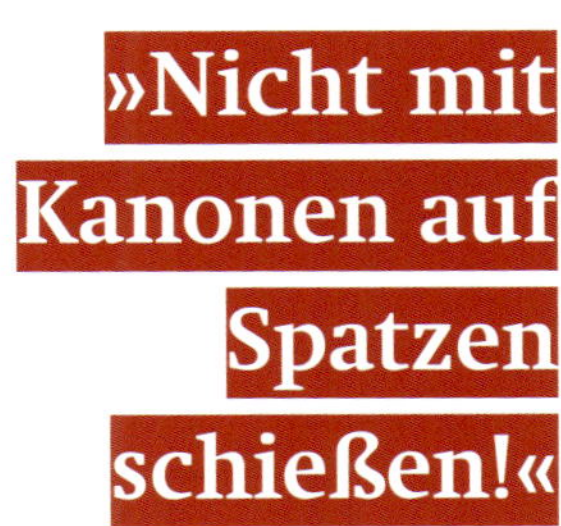

Die einzelnen Projektteams werden jeweils von einem Projektleiter geführt. Dieser koordiniert die Arbeiten innerhalb seines Teams, kommuniziert mit den Projektleitern paralleler Projektteams und berichtet über den Stand der Arbeiten und die Arbeitsergebnisse in der Steuerungsgruppe. Zur Mitarbeit in den Projektteams werden jeweils Mitarbeiter aus der Personalabteilung herangezogen sowie Mitarbeiter und Führungskräfte verschiedener Betriebsbereiche. Die frühzeitige Einbeziehung der Arbeitnehmervertreter schafft Vertrauen und führt in einen gemeinsamen Gestaltungsprozess, der – wie die Praxis zeigt – für alle Beteiligten auch ein wertvoller Qualifizierungsprozess ist. Das gemeinsam erarbeitete Ergebnis kann den Mitarbeitern bei der Umsetzung durch die Projektgruppenmitglieder fundiert begründet und gut vermittelt werden.

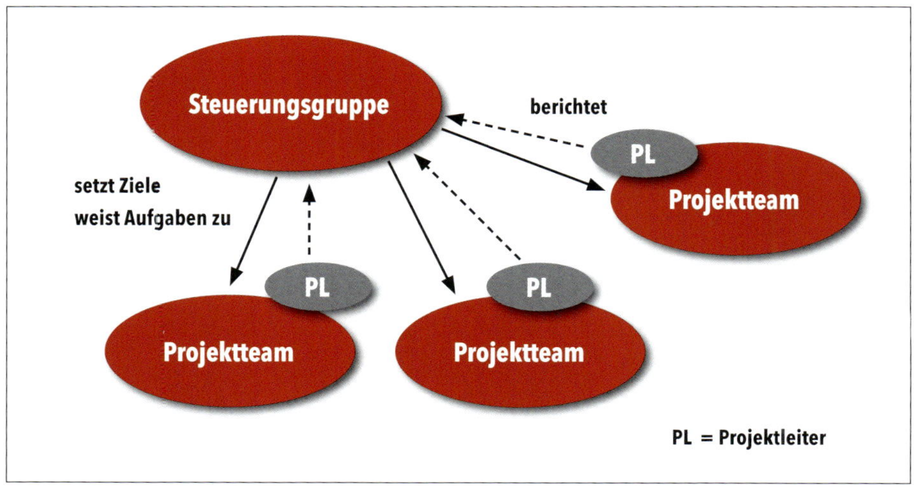

Aufbau der Projektstruktur

8.3 Vorgehen im Projekt

8.3.1 Projektplanung

Aufgabenplanung

Sobald in der Steuerungsgruppe die Ziele für das jeweilige Projektteam beschrieben und aufgrund einer Grobplanung die Strukturen für das Projekt aufgebaut wurden, erfolgt die detaillierte Planung der Projektschritte im Zeitablauf.

Beispielhaft wird nachfolgend auf die Gestaltung des Systems der Grundvergütung eingegangen. Dafür sind im Wesentlichen folgende Schritte festzulegen:

Analyse und Bewertung der verschiedenen Wertvorstellungen
Auswahl der Werte und Gestaltung des betrieblichen Vergütungssystems
Entscheidung für die Form des Arbeitsbewertungssystems (analytisch oder summarisch)
Festlegung des Geltungsbereichs
Auswahl der Projektteammitglieder
Erarbeitung des Arbeitsbewertungssystems
Bewertung von Arbeitsaufgaben (Tätigkeiten, die i. d. R. in Tätigkeitsbeschreibungen dokumentiert sind)

- # Zuordnung der Tätigkeiten zu Vergütungsgruppen
- # Festlegen von Entgelten in einer Vergütungstabelle und Optimieren der Vergütungstabelle unter Berücksichtigung der Auswirkungen für Mitarbeiter und Unternehmen (Schattenrechnung)
- # Simulieren von verschiedenen Übergangsregelungen beim Umstieg auf das neue Vergütungssystem (Schattenrechnung)
- # Beschreiben des neuen Vergütungssystems in einer betrieblichen Regelung
- # Information der Führungskräfte und Mitarbeiter (mündlich/schriftlich)
- # Abschätzung des Gesamtaufwandes und Bereitstellung ggf. zusätzlicher Ressourcen; Entscheidung über die Unterstützung durch einen Berater.

Zeitplanung

Zu den einzelnen Aufgabenpaketen sind in einem weiteren Schritt Meilensteine festzulegen, also Zeitpunkte, zu denen bestimmte Aufgaben abgeschlossen sein sollten. Hierbei sind die zur Verfügung stehenden Ressourcen zu prüfen, da nur auf dieser Basis eine realistische Zeiteinschätzung möglich ist.

Zu den vorgegebenen Meilensteinen sollte eine Rückmeldung der Projektteams an die Steuerungsgruppe erfolgen. Dies ist insbesondere bei komplexen Projekten hilfreich, um parallele Teilziele für die Mitwirkenden zu setzen und den Projektablauf steuern zu können. Bei Verzögerungen innerhalb einzelner Projektarbeiten, die den gesamten Projektablauf gefährden könnten, kann die Steuerungsgruppe auf diese Weise unterstützend eingreifen.

Zuordnung der Arbeitsaufgaben an die Projektteams

Nach Festlegung von Aufgaben- und Zeitplanung sind die Aufgabenpakete bezüglich New Work und Good Pay den Projektteams zuzuordnen, sodass diese mit der Arbeit beginnen können.

8.3.2 Projektdurchführung

Die verschiedenen Schritte, die zur Erarbeitung von New Work und Good Pay erforderlich sind, wurden bereits in den entsprechenden Beiträgen zur Gestaltung dieser Systeme beschrieben, sodass hier auf die Aufgaben nicht im Detail eingegangen wird.

8.3.3 Folgenabschätzung und Übergangsregelungen

Eine ganz wichtige Aufgabe im Rahmen der Einführung neuer Arbeitszeitsysteme, der Einführung von Homeoffice und Telearbeit sowie eines neuen Vergütungs- und Cafeteria-Systems, die bisher noch nicht angesprochen wurde, ist jedoch die Prüfung der Auswirkungen und die ggf. gegenseitige Abhängigkeit verschiedener Maßnahmen voneinander. Im Fall der Vergütung ist das die Durchführung von Schattenrechnungen. Diese wird daher beispielhaft in der nachfolgenden Übersicht beschrieben.

Analyse der Auswirkungen von Good Pay durch Schattenrechnungen am Beispiel der Vergütung

Die Durchführung von Schattenrechnungen dient dazu, die Auswirkungen des neuen Vergütungssystems vorab rechnerisch zu simulieren, damit dessen zukünftige Kosten frühzeitig abgeschätzt und ggf. modifiziert werden können.

Insbesondere bei der Einführung eines neuen Grundvergütungssystems sind derartige Berechnungen unbedingt erforderlich, da sie einerseits zum Erarbeiten der neuen Vergütungstabelle und andererseits zur Berechnung der Auswirkungen auf den einzelnen Mitarbeiter wie auch auf den gesamten Handwerksbetrieb notwendig sind.

Nachdem das Arbeitsbewertungssystem erarbeitet wurde und die Rangreihe der Wertigkeit der Tätigkeiten in sich stimmig ist, beginnen die Schattenrechnungen mit der Entwicklung einer Vergütungstabelle. Anschließend werden deren Auswirkungen – bezogen auf den Einführungstag des neuen Vergütungssystems – berechnet. Es wird also eine „Vorher-nachher-Betrachtung" angestellt. Bei diesem Vergleich ist Folgendes zu beachten:

- Die Summe der Kosten für den Handwerksbetrieb im Vergleich vorher/nachher.
- Die Veränderungen auf Mitarbeiterebene (+/-) hinsichtlich der Höhe der Grundvergütung.
- Die Anzahl der von Veränderungen betroffenen Mitarbeiter und das individuelle Ausmaß der Veränderung.
- Die Ursachen für die Veränderungen (Fehleingruppierungen in der Vergangenheit, Betriebszugehörigkeit …).

In einem iterativen Prozess kann das neue Vergütungssystem mit Blick auf die in der Steuerungsgruppe gesetzten Prämissen optimiert werden. Dabei sind aus Sicht des Unternehmens die künftige Finanzierbarkeit des Vergütungssystems und aus Sicht der Mitarbeiter seine Sozialverträglichkeit, d. h. die Absicherung der derzeitigen Einkommen, zu beachten.

Nach der auf den Umstellungszeitpunkt bezogenen Stichtagsbetrachtung erfolgt die Betrachtung der Gestaltung des zeitlichen Übergangs vom alten auf das neue Entgeltsystem und die Berechnung eventuell zu gewährender Ausgleichs- bzw. Besitzstandszulagen. Deren Höhe und die Bedingungen, unter denen sie wie lange gezahlt und ggf. mit zukünftigen Entgeltsteigerungen verrechnet werden, sind festzulegen und hinsichtlich der finanziellen Auswirkungen auf Mitarbeiter und Unternehmen zu berechnen. Hierbei ist es sinnvoll, in verschiedenen Szenarien zu rechnen, um später keine Überraschungen zu erleben.

Die Schattenrechnungen haben sich in einer Vielzahl von Projekten bei der Gestaltung betrieblicher Vergütungssysteme als das zentrale Element der Vertrauensbildung zwischen Arbeitgeber und Arbeitnehmervertretern gezeigt. Beide Betriebsparteien können nach einem so transparenten Prozess zu dem passgenauen Ergebnis – Good Pay – stehen und dafür werben.

Auswirkungen von Good Pay analysieren und bewerten

Information der Führungskräfte und Mitarbeiter

Im Rahmen des Projektes nimmt der Aspekt der Information der Führungskräfte und Mitarbeiter einen besonderen Stellenwert ein.

Die Veränderung durch Good Pay kann zu Unsicherheiten und Ängsten führen. Diese sind durch einen offenen und transparenten Umgang mit Führungskräften und Mitarbeitern abzubauen. Es ist sinnvoll, in Mitarbeiterversammlungen und ergänzend dazu durch schriftliche Informationen ausführlich zu informieren. Die Fakten werden so klar kommuniziert, und Gerüchte können praktisch nicht entstehen - und wenn sie doch entstehen, kann konstruktiv von Management und Projektgruppenmitgliedern gegengesteuert werden.

Projektabschluss und Evaluation

Zum Abschluss des Projektes ist eine ausführliche Bewertung des Projektes aus Sicht der Steuerungsgruppe wie auch der in den Projektteams einbezogenen Mitarbeiter sinnvoll. Es sollten auch Stimmen aus der Mitarbeiterschaft mit einbezogen werden. Die Bewertung sollte sich sowohl auf die Erfahrungen mit Good Pay als auch den gemeinsamen Einführungsprozess beziehen.

8.4 New Work: Arbeits- und Arbeitszeitgestaltung

Bei der New Work stehen insbesondere zwei Aspekte im Vordergrund:

- die Gestaltung der Arbeit, d. h. Arbeitsprozesse und Arbeitsaufgaben, sowie
- die Gestaltung der Arbeitszeit hinsichtlich des Umfangs, der Lage und der Verteilung.

Zunächst ist sinnvollerweise die Gestaltung der Arbeitsprozesse und Arbeitsaufgaben und anschließend die Gestaltung der Arbeitszeit durchzuführen.

8.4.1 Arbeitsgestaltung

Die Arbeitsgestaltung hat einen entscheidenden Einfluss auf die Leistung und Belastung der Mitarbeiter, ihre Gesundheit sowie ihre Arbeits- und Leistungsfähigkeit und nicht zuletzt ihre Motivation.

In der nachfolgenden Übersicht sind beispielhaft einige Leitfragen für die Projektgruppe Arbeitsgestaltung genannt, die zum einen bewusst machen sollen, welche Arbeiten anfallen, welche Leistungsvoraussetzungen der Mitarbeiter und der verschiedenen Mitarbeitergruppen als „normal" unterstellt werden. Zum anderen stellt sich die Frage, wie hohe Belastungen auf ein angemessenes Maß reduziert werden können.

Nr.	Leitfragen für die Projektgruppe „Arbeitsgestaltung"
1.	Welche Arbeiten fallen im Unternehmen an, die hinsichtlich ihrer Qualifikationsanforderungen an die Mitarbeiter und der Belastungen zu berücksichtigen sind?
2.	Welche Leistungsvoraussetzungen werden bei den Mitarbeitern unterstellt? # Wie breit sind die Mitarbeiter qualifiziert? # Sind die Mitarbeiter für gewisse Arbeiten spezialisiert? # Welche Belastungen der Mitarbeiter sind angemessen und „normal"? # Wie kann ein Belastungswechsel im Tagesablauf gewährleistet werden? # Sind alle Mitarbeiter hinsichtlich der Belastungen gleich zu behandeln, oder muss ich Mitarbeitergruppen begründet unterscheiden, z. B. aufgrund des Alters, des Geschlechts ...
3.	Welche Technik wird eingesetzt? # Sind im Büro oder im Friseursalon Sitz- und Steharbeitsplätze eingerichtet? # Sind die Büroarbeitsplätze ergonomisch angemessen ausgestattet? # Sind die Arbeitsräume, das Homeoffice, in den privaten Wohnungen angemessen, sicher im Sinne des Datenschutzes und ergonomisch gut ausgestattet? # Sind die Handwerkzeuge ergonomisch gestaltet?
4.	In welcher Arbeitsumgebung arbeiten die Mitarbeiter? # Sind die Mitarbeiter entsprechend ihrer Tätigkeit mit angemessener Kleidung ausgerüstet? # Sind die Mitarbeiter angemessen geschützt gegen Klima, Staub, Lärm, Schmutz ...?
5.	Wie können hohe Belastungen der Mitarbeiter reduziert werden? # Bei der Handhabung der Lasten? # Bei der ungünstigen Körperhaltung? # Bei der Aufwendung erhöhter Körperkräfte? # Bei mechanischen Schwingungen und Vibrationen?

Leitfragen zur Arbeitsgestaltung

Neue Arbeitsabläufe und Arbeitsaufgaben sollten festgelegt sein, bevor Good Pay mit einer neuen Bewertung und Eingruppierung der Arbeitsaufgaben eingeführt wird.

8.4.2 Arbeitszeitgestaltung

Die Arbeitszeit der Mitarbeiter ist üblicherweise hinsichtlich ihres Umfangs, d. h. der Wochenarbeitszeit, im Arbeitsvertag geregelt. Die Lage und die Verteilung der Arbeitszeit hängt vom Anfall der Arbeit im Jahres-, Monats- und Wochenverlauf sowie an den einzelnen Arbeitstagen ab. Die Öffnungszeiten, z. B. in der Bäckerei oder im Fachgeschäft, die länger als die individuelle Arbeitszeit der Mitarbeiter sind, erfordern ebenso ausgefeilte Dienstpläne wie Dienstleistungen am Kunden, die nicht auf Vorrat gefertigt und gelagert werden können (z. B. in Kosmetikinstituten und Friseursalons).

Nr.	Leitfragen für die Projektgruppe „Arbeitszeitgestaltung"
1.	Wie groß wird das Auftragsvolumen im kommenden Jahr bzw. dem üblichen Planungszeitraum des Betriebs sein?
2.	Wie viele Arbeitsstunden bedeutet das?
3.	Wie verteilen sich diese Arbeitsstunden auf # das Jahr – gleichmäßig, z. B. Kosmetikerinnen – saisonal, z. B. Zimmerleute – Urlaubszeit der Kunden, z. B. Maler # den Monat – gleichmäßig, z. B. Maler – unterschiedlich, z. B. Friseure # die Woche – gleichmäßig, z. B. Dachdecker – abhängig von Wochentagen und Feiertagen, z. B. Bäckerei # den Tag – gleichmäßig, z. B. Sanitärbetrieb – abhängig von der Tageszeit, z. B. Bäckerei
4.	Wie viele Mitarbeiter mit welcher Qualifikation werden benötigt? # Hilfskräfte # Fachkräfte # Teamleiter, Vorarbeiter # Meister
5.	Wie kann die schwankende Arbeitszeit im Jahr auf die Mitarbeiter sinnvoll verteilt, geglättet werden? # Jahresarbeitszeit, Zeitkonto # feste Arbeitszeiten und Überstunden/Mehrarbeit # feste Arbeitszeiten der Stammbelegschaft und Leiharbeitskräfte # Teilzeitmitarbeiter mit 35 Stunden/Woche, die ein gleichmäßiges monatliches Einkommen haben und bei Arbeitsspitzen 40 und mehr Stunden/Woche eingesetzt werden # eingearbeitete Mitarbeiter, die jährlich einige Monate während der Arbeitsspitzen arbeiten, – z. B. Schüler, Studenten in den Sommer-/Semesterferien, – ehemalige Mitarbeiter, die ein (Aufbau-)Studium machen, – ehemalige Mitarbeiter, die sich im Rentenalter ein Zubrot verdienen.

6.	Welche Bedürfnisse haben einzelne Mitarbeiter bzw. Mitarbeitergruppen? # Mütter und Väter, die – nur vormittags arbeiten, wenn die Kinder in der Schule sind – max. 6 Stunden täglich arbeiten, von 8.30 bis 15.00 Uhr wegen den Öffnungszeiten der Kita # Ehrenamtliche, z. B. Bürgermeister und Ratsmitglieder # Hobby-Musiker mit Auftritten am Wochenende # ältere Mitarbeiter
7.	Was bedeutet es für die Flexibilisierung der Arbeitszeit der Mitarbeiter in der Stammmannschaft, wenn die betrieblichen und persönlichen Interessen berücksichtigt werden? # Vollzeitmitarbeiter # Teilzeitmitarbeiter vormittags # Teilzeitmitarbeiter nur an einigen Wochentagen, aber täglich 8 Stunden, z. B. montags, dienstags und mittwochs oder dienstags, mittwochs und donnerstags oder mittwochs, donnerstags und freitags
8.	Welche Arbeitsverträge sollten mit den Mitarbeitern – im gegenseitigen Einvernehmen – geändert und flexibel auf den Arbeitsanfall zugeschnitten werden?
9.	Wie sind die Spielregeln bei der Personaleinsatzplanung und/oder der Dienstplangestaltung? # Wie langfristig wird vorausgeplant? Wie langfristig werden Dienstpläne erstellt? # Wie werden die Wünsche der Mitarbeiter berücksichtigt? # Wie sicher und berechenbar sind freie Tage und Urlaub für die Mitarbeiter? # Wie flexibel kann der Handwerksbetrieb auf Kundenwünsche reagieren? # Wie flexibel kann auf betriebliche Notwendigkeiten reagiert werden, z. B. Krankheitswelle?

Leitfaden zur Arbeitszeitgestaltung

Die nicht optimal auf die Bedürfnisse des Handwerksbetriebs und der Mitarbeiter zugeschnittenen Personaleinsatz- und Dienstpläne sind – wie die Erfahrung zeigt – einerseits eine wesentliche Ursache für betriebliche Konflikte und ein bescheidenes Betriebsklima. Andererseits ist eine transparente und faire Dienstplangestaltung auch eine Quelle zufriedener und motivierter Mitarbeiter. Hier lohnt es sich besonders, durch eine kooperative Führung gute und passgenaue Lösungen zu erarbeiten.

8.5 New Work: Mitarbeiterführung

Die Mitarbeiterführung ist ein weites Feld. In der Fachwelt unterscheidet man verschiedene Führungsstile. An dieser Stelle soll zwischen vier grundsätzlichen Führungsstilen differenziert werden.

Patriarchalischer Führungsstil: Führungskraft trifft Entscheidungen aufgrund von Alter, Erfahrung und Position, die aber noch leicht modifiziert werden können.

Partizipativer Führungsstil: Führungskraft stellt Anforderungen oder formuliert Ziele, und die Mitarbeiter erarbeiten gemeinsam mit der Führungskraft Lösungen.

Kooperativer Führungsstil: Führungskraft gibt Rahmenbedingungen vor, Mitarbeiter entwickeln Lösungen und treffen selbst Entscheidungen.

Laissez-faire-Führungsstil: Mitarbeiter dürfen, innerhalb systembedingter Grenzen (z. B. der Unternehmensziele) vollständig frei handeln.

	Aufgabenorientierung	
Mitarbeiterorientierung	**gering**	**hoch**
hoch	kooperativer Führungsstil	partizipativer Führungsstil
gering	Laissez-faire-Führungsstil	patriarchalischer Führungsstil

Typologie der Führungsstile

Die Mitarbeiterführung und der Führungsstil einer Führungskraft hängen zum einen davon ab, welche Rolle die Führungskraft im Handwerksbetrieb einnimmt: Ist sie der Gründer des Unternehmens, der Inhaber in 3. Generation, ein angestellter Geschäftsführer oder ein Meister der zweiten Führungsebene? Zum anderen kommt es auf die berufliche Sozialisation, die Zugehörigkeit zu einer bestimmten Generation und das individuelle Selbstverständnis der jeweiligen Führungskraft an. Wichtig ist, dass der Führungsstil und die Persönlichkeit der Führungskraft mit dem Unternehmensleitbild im Einklang stehen, stimmig sind und die Führungskraft dadurch authentisch und glaubwürdig ist.

„Die Treppe kehrt man von oben", sagt eine alte Volksweisheit. Gründer, Inhaber und Geschäftsführer prägen mit ihrem Führungsstil ein Unternehmen und die Unternehmenskultur nicht unerheblich, sie sind Vorbild, unabhängig davon, ob sie es wollen oder nicht!

Wenn Inhaber z. B. im Kontext von New Work ihren patriarchalischen Führungsstil verändern und zu einem kooperativen oder partizipativen Führungsstil übergehen wollen, sollten sie das bewusst und behutsam tun. Z. B. durch ein langsames Loslassen eines Teils der Verantwortung und ihre Übertragung an die Mitarbeiter. Im gleichen Umfang, in dem der Inhaber die Verantwortung abgibt, sollen die Mitarbeiter für die Übernahme der Verantwortung, ihre größere Selbstständigkeit sowie Handlungs- und Entscheidungsfreiheit qualifiziert bzw. befähigt werden. Wenn Führungskräfte abrupt und kommentarlos ihren Führungsstil ändern, verunsichern und überfordern sie nicht nur ihre Mitarbeiter. Es tauchen dann auch Fragen auf wie: „Was ist in unseren Chef gefahren? Ist er krank?"

Loslassen ja, aber wie?

Loslassen – klingt einfacher, als es in der Praxis für Führungskräfte häufig ist! Dabei ist unerheblich, „was die Henne und was das Ei ist": das Zuständigkeitsdenken von Beschäftigten oder die Entmündigung durch Vorgesetzte. An die Bereitschaft zum Mitmachen zu appellieren ist genauso wirkungslos, wie das Mantra „Betroffene zu Beteiligten machen" zu pflegen.

Zentrale Fragen, die sich Führungskräfte selbst stellen müssen, sind:

- Wie schaffe ich den Mitarbeitern Klarheit darüber, was Verantwortung heißt?
- Wie setze ich Mitarbeitern Grenzen der Verantwortlichkeit?
- Was tue ich, damit Mitarbeiter Verantwortung übernehmen?
- Wie hebe ich das Potenzial meiner Mitarbeiter?
- Wie übertrage ich den Mitarbeitern Aufgabenverantwortung, sodass Entfaltungs- und Bewährungschancen entstehen?
- Wie reduziere ich die Ergebniskontrolle durch mich auf das nötige Maß?
- Wie gestalte ich eine Kultur des Wählens (Freiwilligkeit), Wollens (Initiative und Engagement) und Antwortens (kreatives Handeln)?
- Wie fördere ich Loyalität meiner Mitarbeiter gegenüber den gemeinsamen (Unternehmens-)Zielen?
- Wie unterstütze und coache ich meine Mitarbeiter bei der Wahl der Optionen, dem Abwägen der Konsequenzen und der Problemlösung, ohne Ratschläge zu verteilen?
- Wie sorge ich für ein konstruktives Klima der Fehlerfreundlichkeit und des Muts zum Risiko?

Loslassen ist nicht einfach!

Der Einstieg in einen bewussten Veränderungsprozess – von Führungsstil und Unternehmenskultur – kann das gemeinsame Erarbeiten eines Unternehmensleitbildes und von Führungsgrundsätzen sein. Durch das gemeinsame Erarbeiten in einer Projektgruppe und die anschließende Information und Kommunikation des Unternehmensleitbildes sowie der Führungsgrundsätze werden alle Mitarbeiter auf die Veränderungen und die Auswirkungen des neuen Führungsstils auf die eigenen Arbeitsaufgaben und die größere Selbstständigkeit und Eigenverantwortung vorbereitet.

Beispiele für Unternehmensleitbilder sind in den beiden nachfolgenden Übersichten dargestellt.

Die fünf Prinzipien des Unternehmens A

Qualität
Der Konsument ist unser Chef, Qualität ist unsere Arbeit, und ein faires Preis-Leistungs-Verhältnis ist unser Ziel.

Verantwortung
Als Individuen fordern wir absolute Verantwortung von uns selbst; als Mitarbeiter fördern wir die Verantwortlichkeiten anderer.

Gegenseitigkeit
Ein gegenseitiger Nutzen ist ein geteilter Nutzen – und ein geteilter Nutzen hat Bestand.

Effizienz
Wir nutzen Ressourcen bestmöglich, verschwenden nichts und tun nur das, was wir am besten können.

Freiheit
Wir brauchen Freiheit, um unsere Zukunft selbst zu gestalten – und wirtschaftlichen Erfolg, um diese Freiheit zu bewahren.

Fünf Prinzipien des Unternehmens A

Unsere Werte – Behandelt die Menschen so, wie ihr von ihnen behandelt werden wollt! (Unternehmen B)

Arbeit geben.
Wir arbeiten gewinnorientiert, um Wachstum zu ermöglichen und Mitarbeitern eine Perspektive zu bieten.

Fair und gut entlohnen.
Good Pay – gerecht gestalten, fair anwenden.

Den Einzelnen fördern.
Wir setzen Mitarbeiter gemäß ihren Gaben und Fähigkeiten ein, fordern und fördern ihr Potenzial.

Verantwortung teilen.
Jeder Mitarbeiter ist für unseren Gesamterfolg mitverantwortlich.

Partnerschaft leben.
Um einer langfristigen Zusammenarbeit willen begegnen wir einander mit Respekt, Fairness und Vertrauen – Mitarbeitern wie Geschäftspartnern.

Konflikte miteinander lösen.
Konflikte gehörgen zum Leben, wir lösen sie fair.

Gemeinnützig handeln.
Wir dienen auch unserer Gesellschaft nach Kräften und tragen dazu bei, die Not der Welt zu lindern. Ein Teil des Unternehmens wurde daher in die gemeinnützige Stiftung überführt.

Die Natur schonen.
Unsere Produkte sowie unser Know-how verhelfen unseren Kunden zu nachhaltigem Wirtschaften.

Kontinuierlich lernen.
Erfahrungen und Erkenntnisse tauschen wir ständig mit unseren Kunden, aber auch mit der Wissenschaft aus.

Unternehmenswerte Beispiel B

Entsprechend dem gewählten, zum New Way passenden Führungsstil sollen auch systematisch – wöchentliche oder monatliche – Besprechungen einberufen werden. Der Teilnehmerkreis ist klar zu benennen. Die Gespräche sollen durch eine Tagesordnung und die Vorbereitung einzelner Tagesordnungspunkte durch die Teilnehmer effizient durchgeführt werden. Es hat sich bewährt, einzelne Punkte entscheidungsreif vorzubereiten, um so durch endlose Diskussionen Zeitverschwendung und Demotivation zu vermeiden.

Tipps zur Mitarbeiterführung

 # Zielen Sie auf Erfolg.
Ertrag, Wachstum, Qualität, Kunden- und Prozessorientierung – das sind die Größen, an denen sich unsere Ziele ausrichten. Vermitteln Sie Ihren Mitarbeitern laufend die Unternehmensziele und machen Sie deutlich, was jeder Einzelne zu deren Erreichung beitragen kann.

 # Zeigen Sie Initiative.
Entwickeln Sie mit Ihren Mitarbeitern neue Ideen und Strategien, die das Unternehmen voranbringen. Ermutigen Sie Ihre Mitarbeiter zu Veränderungen und Eigeninitiative und unterstützen Sie sie bei der Umsetzung.

 # Zeigen Sie Mut.
Stehen Sie zu Ihren Mitarbeitern. Treffen Sie klare Entscheidungen und setzen Sie diese konsequent um. Seien Sie Vorbild und leben Sie die Unternehmenswerte vor.

 # Setzen Sie Ihre Mitarbeiter ins Bild.
Sachinformationen sind eine Selbstverständlichkeit. Aber Ihre Mitarbeiter sollten auch betriebliche Zusammenhänge und Hintergründe kennen – sie sind eine wichtige Voraussetzung für die Identifikation mit dem Unternehmen.

 # Führen Sie über Ziele.
Übertragen Sie Aufgaben und Kompetenzen. Vereinbaren Sie klare Ziele und schaffen Sie Freiräume, damit sich Kreativität, Selbstvertrauen und Verantwortungsbewusstsein entwickeln können. So führen Sie Ihre Mitarbeiter zum Erfolg.

 # Geben Sie Feedback.
Sehen Sie bei Ihren Mitarbeitern die Stärken und helfen Sie, diese zu nutzen und weiter auszubauen. Schauen Sie genau hin: Loben Sie – aber üben Sie auch faire, konstruktive Kritik. Fehler passieren auf allen Seiten; sprechen Sie diese sofort und offen an.

 # Schenken Sie Vertrauen.
Ihre Mitarbeiter sind leistungsfähig und leistungsbereit. Wagen Sie es, mit wenig Kontrolle auszukommen. Ihr Vertrauen wird den unternehmerischen Schwung auslösen, den wir alle wollen.

 # Wechseln Sie die Perspektive.
Versetzen Sie sich in die Lage Ihrer Mitarbeiter und betrachten Sie Situationen auch aus deren Perspektive. Wie würden Sie Ihre Entscheidungen aufnehmen – und welche Begründung würden Sie erwarten?

 # Gestalten Sie gemeinsam.
Ihre Mitarbeiter denken mit. Beteiligen Sie sie an der Vorbereitung von Entscheidungen und nutzen Sie die Ideen und das Potenzial, das sich Ihnen durch die kulturelle Vielfalt im Unternehmen bietet. Arbeiten Sie mit Ihren Mitarbeitern daran, Schnittstellen in Kontaktstellen und Barrieren in neue Möglichkeiten zu verwandeln.

 # Fördern Sie Ihre Mitarbeiter.
Beraten Sie Ihre Mitarbeiter in der beruflichen Entwicklung und begleiten Sie diese systematisch. Unterstützen Sie sie, wenn sie sich an anderer Stelle im Unternehmen weiterentwickeln können oder wollen.

Tipps zur Mitarbeiterführung

Zur Unterstützung des Loslassens und einer „Demokratisierung des Führungsstils" – wie umfangreich auch immer – können Schulungen der Führungskräfte beitragen, die als Einzel- oder Teamschulungen stattfinden. Ein Coaching kann zusätzlich hilfreich sein. Je nach dem Grad der Veränderung des Führungsstils und der Unternehmenskultur kann es förderlich sein, in diesen Organisationsentwicklungsprozessen externe Unterstützung zu haben.

»„Schenke den Menschen Vertrauen, und du erlebst, dass du bei ihnen Selbstvertrauen schaffst."«

Wenn New Work in Form der Arbeitsorganisation und Mitarbeiterführung weitgehend steht, kann man sich dem Good Pay widmen.

8.6 Good Pay: Unternehmenswerte und Vergütungssystem

Die Vergütung der Mitarbeiter muss vom Unternehmen aufgrund seiner Wertschöpfung bezahlbar und am relevanten Arbeitsmarkt wettbewerbsfähig sein. In diesem Rahmen kann das Vergütungssystem, mit dem die Höhe der individuellen Vergütung bestimmt wird, betrieblich gestaltet werden.

Bei der Gestaltung des Vergütungssystems haben sich die in der nachfolgenden Übersicht beschriebenen Leitfragen bei der Arbeit der Projektgruppe bewährt.

Nr.	**Leitfragen für die Projektgruppe „Good-Pay-Vergütungssystem"**
1.	Welche Mitarbeiter fallen unter den Geltungsbereich des neuen Vergütungssystems? # alle Mitarbeiter # alle Mitarbeiter ohne die leitenden Mitarbeiter (Geschäftsführung und Prokuristen)
2.	Welche Werte, welche Gerechtigkeitsvorstellungen wollen wir im Unternehmen umsetzen? # Analyse und Bewertung der verschiedenen Gerechtigkeitsvorstellungen # Auswahl der anzuwendenden Gerechtigkeitsvorstellungen und Gestaltung des betrieblichen Vergütungssystems # Wahl der Entgeltbausteine # Grundentgelt # Leistungsentgelt # Erfolgsbeteiligung # ...
3.	Welches Arbeitsbewertungssystem wird gewählt? # analytisch # summarisch
4.	Welche Anforderungsmerkmale sind wichtig? # Können (Ausbildung und Erfahrung) # Handlungs- und Entscheidungsspielraum (Verantwortung) # Mitarbeiterführung # Kooperation # ...
5.	Welche Tätigkeit ist wie viel wert? # Bewertung von Arbeitsaufgaben # Tätigkeiten/Arbeitsaufgaben, die i. d. R. in Tätigkeitsbeschreibungen dokumentiert sind # Zuordnung der Tätigkeiten zu Vergütungsgruppen
6.	Welcher Vergütungsgruppe entspricht welches Entgelt? # Festlegen von Entgelten in einer Vergütungstabelle # ggf. Stufenbildung nach einschlägiger Berufserfahrung
7.	Welche Methoden der Leistungserfassung – durch wen – wenden wir an? # Leistungsbeurteilung oder Leistungsmessung # Zielvereinbarungen # Erfolgsbeteiligung
8.	Welche Auswirkungen hat das neue Vergütungssystem auf jeden einzelnen Mitarbeiter und das Unternehmen? # Optimieren der Vergütungstabelle unter Berücksichtigung der Auswirkungen – auf die Mitarbeiter (Gewinner; Besitzstandswahrer) – das Unternehmen (Kostenentwicklung)
9.	Wie ist der Übergang vom bestehenden Vergütungssystem auf das neue Vergütungssystem? # Simulieren von verschiedenen Übergangsregelungen # Umgang mit Gewinnern # temporäre Absicherung von „Verlierern" durch Besitzstandszulagen

10.	Wie kommunizieren wir das neue Vergütungssystem mit Übergangsregelungen? # Dokumentation in einer betrieblichen Regelung # Information der Führungskräfte und Mitarbeiter (mündlich/schriftlich) # Präsentationen und Handouts # Teambesprechungen mit der Möglichkeit der Mitarbeiter, Fragen zu stellen

Leitfragen zur Gestaltung des betrieblichen Vergütungssystems

Wenn das Vergütungssystem steht und klar ist, was die Mitarbeiter verdienen, kann die zweite Seite der Medaille, die individuelle Auszahlung geregelt und das Cafeteria-System erarbeitet werden.

8.7 Good Pay: Auszahlung der Vergütung, Cafeteria-System

Die Auszahlung der Vergütung kann individualisiert werden, indem die Mitarbeiter entscheiden, welcher Anteil ihrer Vergütung ihnen auf das Konto überwiesen wird und wie sie den darüber hinausgehenden Anteil ausgezahlt bekommen wollen. Um hier keinen „Wildwuchs" im Unternehmen entstehen zu lassen und den administrativen Aufwand zu begrenzen, ist es notwendig, ein attraktives und handhabbares Angebot zu erstellen. Das Angebot richtet sich an die eigenen Mitarbeiter, die es zu motivieren und an das Unternehmen zu binden gilt. Darüber hinaus ist es aber auch für Mitarbeiter der Wettbewerber interessant sowie die potenziellen Mitarbeiter in der sogenannten „stillen Reserve". Bei der stillen Reserve handelt es sich um qualifizierte Mitarbeiter, die keine Arbeit haben, weil ihnen Beschäftigungshürden, wie z. B. fehlende Kinderbetreuung, im Weg stehen.

Bei der Erarbeitung eines Cafeteria-Systems haben sich für die zuständige Projektgruppe die in der nachfolgenden Übersicht beschriebenen Leitfragen bewährt.

Nr.	Leitfragen für die Projektgruppe „Cafeteria-System"
1.	Welche Mitarbeitergruppen will ich mit Good Pay in Form des Cafeteria-Systems erreichen? # Mitarbeiter, die bereits im Unternehmen arbeiten – Führungskräfte – alle Mitarbeiter – Mitarbeiter nach der Probezeit # Mitarbeiter der Wettbewerber (Marktbegleiter), die ich gewinnen will # Mitarbeiter der stillen Reserve

2.	Welche Beschäftigungshürden haben (potenzielle) Mitarbeiter? Wie kann ich sie mit Good Pay gewinnen? # grundsätzlich: – fehlende Qualifikation ○ zu lange „raus aus dem Beruf" ○ Unsicherheit, ob Beruf und Familie in Einklang zu bringen sind – fehlende Mobilität ○ Weg zur Arbeit ohne eigenes Fahrzeug ○ ungünstige Fahrtzeiten öffentlicher Verkehrsmittel – insbesondere bei Schichtarbeit # situationsabhängig und vorübergehend – Vereinbarkeit von Beruf und Familie ○ fehlende Betreuung der Kinder ○ fehlende Betreuung der zu pflegenden Angehörigen – Vereinbarkeit von beruflicher Arbeit und berufsbegleitender Weiterbildung
3.	Wie kann ich die Arbeits- und Beschäftigungsfähigkeit der Mitarbeiter verbessern bzw. erhalten? # Belastungsreduzierung durch ergonomische Maßnahmen # Verbesserung des Umgangs mit Belastungen durch Schulungsmaßnahmen – Rückenschule – Supervision – konstruktiver Umgang mit Stress # Ausgleich von physischen Belastungen – Betriebssport – Fitnessstudio # Ausgleich von psychischen Belastungen – Gesprächskreise – Supervision
4.	Welche zeitliche Flexibilität kann der Betrieb Mitarbeitern anbieten? # in der Woche (Gleitzeit) # im Monat (Gleitzeit) # im Jahr (Jahresarbeitszeitkonto) # über mehrere Jahre hinweg (Langzeitkonten)
5.	Welche Angebote bietet der Wettbewerb am Arbeitsmarkt? # betriebliche Altersversorgung # Fahrtkostenzuschuss # Dienstwagen
6.	Wie kann ich mich von den Angeboten des Wettbewerbs abheben? # mehr vom Gleichen # andere Angebote
7.	Welche Kosten dürfen entstehen? # je Mitarbeiter # für das Unternehmen im Jahr
8.	Wie viele betriebliche Leistungen kann ein Mitarbeiter in Anspruch nehmen? Wie groß ist sein Budget?
9.	Welchen Stellenwert hat die Bedürftigkeit der Mitarbeiter? # keinen Stellenwert # hohen Stellenwert
10.	Wie denken die mitbestimmungsberechtigten Arbeitnehmervertreter über die Ausgestaltung der betrieblichen Sozialleistungen?

11.	Welches betriebliche Angebot wird zusammengestellt?
12.	In welchen Zeitabständen können Mitarbeiter ihr Menü ändern? # jederze t # in gewissen Intervallen # abhäng g von der Art der gewählten Leistung
13.	Wie wird das Angebot kommuniziert? # den angestellten Mitarbeitern # den potenziellen Mitarbeitern

Leitfragen zur Ausgestaltung des Angebots betrieblicher Sozialleistungen

Das Cafeteria-System im Gesamten kann nur dann erfolgreich Anwendung finden, wenn die angebotenen Leistungen auch den Bedürfnissen und Anforderungen der Mitarbeiter entsprechen.

Die Vielzahl der in der obigen Checkliste angesprochenen Aspekte zeigt schon, dass es bei der Zusammenstellung des betrieblichen Angebots der Sozialleistungen vielfältige Möglichkeiten gibt. Die oft zitierte „Eier legende Wollmilchsau" wäre hier vielleicht das Maximum, aber nicht das Optimum. Hier gibt es eindeutig verwaltungstechnische und finanzielle Grenzen.

Es müssen also Entscheidungen für eine entsprechende Auswahl und Ausgestaltung getroffen werden. Eine Hilfe könnte hier eine Mitarbeiterbefragung sein, mit der erkundet wird, wo bei der Zielgruppe der bereits angestellten Mitarbeiter die wesentlichen Bedürfnisse gesehen und welche Angebote gewünscht werden.

Für die Zielgruppe der „stillen Reserve" lässt sich aufgrund der Analyse von Absagen qualifizierter Bewerber und einer Analyse der im Umfeld gegebenen Rahmenbedingungen, wie z. B. Angebot des öffentlichen Nahverkehrs, Betreuungsangebote für Kinder und Angehörige etc., ein Angebot zusammenstellen, von dem man erwartet, dass es den Bedürfnissen entspricht.

Hat man das anzubietende Spektrum der betrieblichen Sozialleistungen auf diese Weise konkretisiert, so sollten – unter Berücksichtigung der steuer- und sozialversicherungsrechtlichen Vergünstigungen – für jede der Leistungen die Kosten ermittelt und die Gesamtkosten abgeschätzt werden. Diese betrieblichen Sozialleistungen bietet der Arbeitgeber dann in Form eines Cafeteria-Systems an, d. h., jeder Mitarbeiter erhält jährlich ein Budget – ggf. differenziert nach Bedürftigkeit und Betriebszugehörigkeit –, in dessen Rahmen er aufgrund seiner aktuellen Bedürfnisse „seine betrieblichen Leistungen“ abrufen, d. h. sein individuelles „Menu“ wie in einer Cafeteria zusammenstellen kann.

Für das Unternehmen ist es auch wichtig, sein Angebot an betrieblichen Leistungen auf die sich wandelnden Bedürfnisse der Mitarbeiter sowie die sich verändernden Bedingungen am Arbeitsmarkt anpassen zu können. Diese Flexibilität ist, besonders bei dem Abschluss von Betriebsvereinbarungen, zu berücksichtigen.

Kommunikation des Angebots betrieblicher Sozialleistungen

Bei der Kommunikation des Angebots der betrieblichen Sozialleistungen sind

die eigenen Führungskräfte und Mitarbeiter, die mit dem Angebot an das Unternehmen gebunden werden sollen, und

die potenziellen Mitarbeiter, die wissen sollen, welche Vorteile ihr zukünftiger Arbeitgeber ihnen bietet,

anzusprechen.

In der Praxis haben sich zur Kommunikation mit den Mitarbeitern Teambesprechungen und Aushänge sowie das Intranet bewährt. Potenzielle Mitarbeiter werden über Stellenanzeigen und das Internet erreicht. Nicht zu unterschätzen ist die Informationsverbreitung über die eigenen Mitarbeiter, die Berufskollegen aus ihrem Netzwerk gewinnen können. Für sie sind Flyer, die das Angebot griffig darstellen, sehr hilfreich.

Die beim Projektmanagement in Abschnitt 8.3.2 beschriebenen Wege der Information der Führungskräfte und Mitarbeiter sind auch bei Good Pay zu berücksichtigen.

9. DIE FRAGE ZUM SCHLUSS: SIND GOOD PAY UND NEW WORK DIE LÖSUNG FÜR DIE HERAUSFORDERUNGEN MEINES UNTERNEHMENS?

Nach dem Lesen eines Ratgebers, der Anregungen gibt und an der einen oder anderen Stelle vielleicht auch ein Schmunzeln oder Kopfschütteln hervorruft, stellt sich sicherlich die Frage: „Sind Good Pay und New Work eine Lösung für die Herausforderungen, denen sich mein Handwerksbetrieb am Arbeitsmarkt jetzt und in Zukunft gegenübersieht?" Weitere Fragen wären:

Ist es richtig, wenn ich an verschiedenen Stellen loslasse und die Mitarbeiter befähige, mehr Verantwortung zu übernehmen?

Kann ich wirklich loslassen, nachdem ich so lange Zeit „die Zügel fest in der Hand gehalten" habe? Bleibe ich mir treu, wenn ich loslasse?

Wollen meine Mitarbeiter überhaupt mehr Selbstständigkeit, Handlungs- und Entscheidungsspielraum, und wenn ja, können sie damit umgehen?

Sollen nicht besser meine Nachfolger in einigen Jahren mit New Work und Good Pay starten?

Kann mein Steuerberater und/oder meine Personalabteilung Good Pay stemmen? Ist vor allem ein Cafeteria-System administrativ handhabbar?

Vielleicht fragen Sie sich auch:

Ist mein Betrieb nicht schon lange zu groß, um alles über meinen Schreibtisch laufen zu lassen?

Bremse ich nicht die Entwicklung des Unternehmens und werde zum Engpass, weil alles über meinen Schreibtisch gehen muss?

Bin ich und nicht der Fachkräftemangel derjenige, der das Wachstum des Betriebes begrenzt, weil ich keine zukunftsfähigen Arbeitsbedingungen anbiete?

Muss ich nicht jetzt schon anfangen, neue Wege zu gehen, damit wir – die Nachfolgegeneration und ich – die Zukunft gemeinsam meistern?

Ist jetzt nicht der richtige Zeitpunkt, um die nachfolgende Generation mit einzubeziehen und die zu uns passenden Bausteine von New Work und Good Pay schrittweise zu realisieren?

»Ich weiß nicht, ob es besser wird, wenn es anders wird. Aber es muss anders werden, wenn es besser werden soll.«

(Georg Christoph Lichtenberg)

Diese und viele andere Fragen werden Sie begleiten. Die Antworten werden nicht einfach sein. Sprechen Sie darüber mit Berufskollegen und Freunden, aber auch der einen oder anderen Führungskraft sowie einzelnen Mitarbeitern, die Ihr Vertrauen genießen. Bilden Sie sich eine gefestigte Meinung, und gehen Sie dann Ihren Weg! Entweder weiter wie bisher oder auf neuen Pfaden. Aber in jedem Fall gehen Sie Ihren eigenen Weg erfolgreich!

10. DER AUTOR

Eckhard Eyer, Dipl.-Ing., Dipl.-Kfm., Jahrgang 1958, studierte Maschinenbau in Kaiserslautern, Betriebswirtschaftslehre sowie Arbeits- und Organisationspsychologie in Mannheim. Er arbeitete bei den SKF Kugellagerfabriken in Schweinfurt und bei der G. M. PFAFF AG, Kaiserslautern.

Von Januar 1989 bis Juni 1997 war Eckhard Eyer wissenschaftlicher Mitarbeiter des Instituts für angewandte Arbeitswissenschaft e. V., Köln (heute Düsseldorf), im Fachbereich Entgeltgestaltung.

Eckhard Eyer ist Inhaber der Perspektive Eyer Consulting, Ockenfels, mit den Arbeitsschwerpunkten konzeptionelle Beratung von Unternehmen bei der Entwicklung und Umsetzung von Führungs- und Vergütungssystemen sowie dem Abschluss von Betriebsvereinbarungen und Haustarifverträgen. Er berät Arbeitgeberverbände und Gewerkschaften bei der Gestaltung von Entgelttarifverträgen. Neben seinen langjährigen Erfahrungen in der Industrie und freien Wirtschaft hat er sich seit 2002 auch einen Namen als Vergütungsberater in der Sozial- und Gesundheitswirtschaft gemacht. 1999 gründete er „Fair – Institut für praktische Wirtschaftsmediation" zur konstruktiven Konfliktlösung im betrieblichen Alltag, insbesondere zwischen Geschäftsleitung und Betriebsrat, z. B. bei Vergütungsstreitigkeiten, Standortverlagerungen und Sozialplänen.

Zu den oben genannten Themen führt er überbetriebliche und betriebliche Workshops und Seminare durch, seit 1996 ist er Lehrbeauftragter an der Universität Trier. Eckhard Eyer ist Autor zahlreicher Veröffentlichungen zur Vergütung und Wirtschaftsmediation und Mitherausgeber der Digitalen Fachbibliothek „Das flexible Unternehmen. Arbeitszeit, Gruppenarbeit, Entgeltsysteme". Das Buch „Zielvereinbarung und variable Vergütung", das 2018 in der 7. Auflage erschien, ist mittlerweile ein Standardwerk. Good Pay, die auf die Unternehmen passgenau zugeschnittene Vergütung und die damit verbundene, auf die Interessen und Bedürfnisse der Mitarbeiter abgestimmte Auszahlung, wurde von ihm entwickelt und auf den Markt gebracht. Aufgrund seines gut gefüllten Werkzeugkastens – des morphologischen Kastens der Vergütung – und seiner langjährigen Erfahrung entwickelt Eckhard Eyer in einem transparenten Prozess gemeinsam mit den betrieblichen Akteuren das passgenaue und nachhaltige Good Pay für Unternehmen und Mitarbeiter.

11. LITERATUR, LINKS & ABKÜRZUNGEN

Literatur

Altun, U., Hille, S., Jaeger, C.: Gestaltung und Einführung flexibler Arbeitszeiten. ZS Leistung und Entgelt, Bergisch Gladbach 2/2017

Autorenkollektiv, Arbeitsklassifizierung. Verlag Die Wirtschaft, Berlin, 1980

Becker, F. G.: Anreizsysteme als Instrumente der strukturellen Mitarbeiterführung. In: Das flexible Unternehmen: Arbeitszeit, Gruppenarbeit, Entgeltsysteme (Loseblattwerk: Sektion 06, Kapitel 05). Hrsg.: Antoni, C. H., Eyer, E., u. Kutscher, J. Wiesbaden: Gabler, 2000, S. 1 – 16.

Becker, F. G.: Führen mit Anreizsystemen. In: Digitale Fachbibliothek Das flexible Unternehmen. Hrsg.: Antoni, C. H., Eyer, E. Düsseldorf: Symposium, Online-Publikation 2009.

Bergmann, F.: New Work New Culture: Work We Want and a Culture That Strengthens Us. John Hunt Publishing, zero books, Winchester, Washington 2019

Deitermann, M., Eyer, E.: Der gemeinsame Weg zur Gerechtigkeit. In: OrganisationsEntwicklung 1/2012, S. 63-67

Eyer, E.: Report Vergütung. Symposion Verlag, Düsseldorf, 2000

Eyer, E.: Gerechtigkeitsvorstellungen: Eyer, E. (Hrsg.): Report Wirtschaftsmediation 2. Auflage. Symposion Verlag, Düsseldorf, 2002

Eyer, E.: Leistungsentgelt und Arbeitszeit kombinieren. In: Arbeit und Arbeitsrecht, 11/2002, Huss Medien, Berlin S. 503 ff.

Eyer, E.: Mitarbeiter nach Leistung und Erfolg vergüten. Bank für Sozialwirtschaft, Köln, 2006

Eyer, E.: Unternehmensspezifische Entgeltsysteme: Ziele – Gestaltungsoptionen – Vorgehen. In: REFA Nachrichten 6/2005, S. 22 – 26.

Eyer, E.: Mitarbeiter mit intelligenten Vergütungssystemen gewinnen. In: ZS Care-konkret, 36/2010, Hannover, S. 3

Eyer, E.: Innovative Entgeltsysteme. Vincentz Verlag, Hannover, 2010

Eyer, E.: Schritt für Schritt das Angebot gestalten. In: Health & Care Management, 4/2014, Bad Wörishofen, S. 30-31

Eyer, E.: Alter Wein in neuen Schläuchen. Kolumne, Health & Care, Februar 2020

Eyer, E.: New Work. ZS Arbeit und Arbeitsrecht, Huss Medien, Berlin, Juli 2020, S. 422 - 425

Eyer, E.: New Pay. ZS Arbeit und Arbeitsrecht, Huss-Medien, Berlin, August 2020, S. 481 - 483

Eyer. E.: Gerechte Vergütung. In: Antoni, C. H., Eyer, E., Kutscher, J., „Das flexible Unternehmen" Loseblattwerk, Digitale Fachbibliothek, Düsseldorf 2010

Eyer, E., Hausmann, T.: Zielvereinbarung und variable Vergütung. 7. Auflage, Gabler, Wiesbaden, 2018

Eyer, E., Schüssler, S.: Marktkonforme Arbeitsbedingungen. In: ZS Arbeit und Arbeitsrecht, 4/2015, Berlin, S. 236-238

Fengler, J.: Feedback geben. Beltz Verlag, Weinheim, 1998

Franke, S., Hornung, S., Nobile, N.: New Pay – alternative Arbeits- und Entlohnungsmodelle. Haufe 2019.

Knebel, H., Zander, E.: Neue Entwicklungen bei Arbeit, Entgelt und Führung. Sauerverlag, Heidelberg, 1984

Kosiol, E.: Theorie der Lohnstruktur. Gabler Verlag, Wiesbaden, 1962

Neuberger, O.: Das Mitarbeitergespräch. Rosenberger Fachverlag, Leonberg, 2001, 5. Auflage

Redmann, B.: Vergütungssysteme gestalten: agil, rechtssicher und nicht-monetär. Haufe Verlag, Freiburg, 2019

REFA Methodenlehre des Arbeitsstudiums, Band 4, Anforderungsermittlung, Hanser, München, 1976

REFA Methodenlehre des Arbeitsstudiums, Band 5, Lohndifferenzierung, Hanser, München, 1976

Schulz von Thun, F.: Miteinander reden, H. Rororo, Hamburg, 1998

Hornung, S., Preedy, K.: Anders vergüten. ZS Arbeit und Arbeitsrecht, 11/2019, S. 667 - 669

Thannheiser, S.: Leistungsentgelt erfolgreich einführen und Beschäftigte fair bewerten. Rehm, Heidelberg 2010

Weber, W. (Hrsg.): Entgeltsysteme: Lohn, Mitarbeiterbeteiligung und Zusatzleistungen. Festschrift zum 65. Geburtstag von Eduard Gaugler. Schäffer-Poeschel, Stuttgart 1993

Womack, J., Jones, D., Roos, D.: The Machine That Changed the World: The Story of Lean Production. Harper Collins, New York 1990, ISBN 0-06-097417-6; deutsche Übersetzung: Die zweite Revolution in der Autoindustrie. 4. Auflage. Campus, Frankfurt am Main 1992.

Links

www.dgfp.de
www.eyer.de
www.managementcircle.de
www.QM1-Die-Handwerksakademie.de
www.refa.de

Abkürzungen

BetrVG	Betriebsverfassungsgesetz
BAV	Betriebliche Altersversorgung
DIN	Deutsche Industrienorm
JDS	Job Diagnostic Survey
TAG	Teilautonome Arbeitsgruppen

12. STICHWORTVERZEICHNIS

Symbole

360°-Bewertung 54, 55

A

Agile Unternehmen 70
Alleinstellungsmerkmal 91
Allgemeines Gleichbehandlungsgesetz. 37
Alter der Mitarbeiter.... 37
Alterssteilzeit 80
Analytische Arbeitsbewertung 43
Anforderungen 34
Arbeit 4.0 17
Arbeitgebermarkt.... 38
Arbeitnehmermarkt....22, 38
Arbeitsbedingungen 21
Arbeitsformen 94
Arbeitsgestaltung 120
Arbeitsmarkt.... 38
Arbeitsort 26
Arbeitswert.... 44
Arbeitszeit 27, 94
Arbeitszeitgestaltung.... 121
Aufwand 44
Auszahlung 40

B

Belastungen.... 38
Belastungszulagen 86
Berufserfahrung.... 36
Betriebliche Erfordernisse 28
Betriebsfeier 83
Betriebsklima.... 25
Betriebszugehörigkeit....37, 96
Beurteilungskriterien.... 51
Beurteilungsspielraum.... 70
Bewerter.... 53
Bildschirmarbeitsplatz 86

C

Cafeteria-System 78, 130

D

Dachdecker 107
Datensicherheit.... 86
Demografischer Wandel 13
Demotivation 24
Dienstpläne 122
Dienstwagen 87
Direktversicherung.... 83
Doppeltes Äquivalenzprinzip.... 39

E

E-Bikes.... 89
Einbruchschutz 86
Eingangsstufe 48
Elektrohandwerk 93
Entgeltfortzahlung.... 81
Erfolgsbeteiligung....70, 81
Erfolgskennzahlen 71
Erfolgsprämien.... 71
Ergebnisbeteiligung....36, 97
Evaluation 119

F

Fachkräftemangel 21
Fahrtenbuch 88
Fahrtkostenzuschuss.... 87
Familienstand 35
Feedback.... 19
Feiertagszuschläge 84

Ferienlager 90
Folgenabschätzung 118
Fremdbewertung 54
Friseurhandwerk 105
Führungsaufgaben 51
Führungsgrundsätze 124
Führungsstil 25, 122

G

Geldwerter Vorteil 87
Generation Y 14
Generation Z 15
Gerechte Vergütung 32
Gerechtigkeit 32
Gerechtigkeitsvorstellungen 32
Gesetzeslage 80
Gestaltungsprozess 115
Good Pay 22, 31
Grundentgelt 95, 101
Grundvergütung 41

H

Hauptstufe 48
Häusliches Arbeitszimmer 87
Homeoffice 26, 86
Humanisierung der Arbeit 19
Humankriterien 21

I

Individuelles Menu 133
Industrie 4.0 17
Information 119
Insolvenzschutz 29

J

Jahresarbeitszeitkonto 29
Jahressonderzahlung 80
Job Diagnostic Survey 19
Jobrad 89
Jobticket 89

K

Kinderbetreuung 83
Kindertagesstätten 90
Klempnerhandwerk 107
Kundenorientierung 23
Kundenzufriedenheit 23

L

Langzeitkonto 29, 91
Lebensphasen 85
Leistung 24, 34, 49
Leistungsbewertung 49
Leistungsentgelt 49
Leistungserfüllung 52
Leistungskriterien 49
Leistungsmerkmale 51
Leistungsprämie 58
Leistungsvergütung 33
Leistungszeiträume 56
Leistungszulage 58

M

Meilensteine 64, 117
Menschengerechte
Arbeitsgestaltung 20
Merkmalspezifische
Stufenbeschreibung 53
Mitarbeiterführung 122
Mitarbeitergespräch 57
Mitarbeiterkapitalbeteiligung 36, 102
Mitarbeitermotivation 25
Mitarbeiterzufriedenheit 25
Motivationskiller 24
Motivierende Arbeit 20
Motivierte Mitarbeiter 75

N

Nachfragemacht 40, 79
Nachtschichtzulagen 84
Nachtzuschläge................................. 84
Nasenfaktor 49
New Work 17

P

Passgenaue Lösungen.............. 115, 122
Persönliche Präferenzen..................... 28
Potenzielle Mitarbeiter...................... 133
Projektdurchführung 117
Projektgruppe 113
Projektplanung................................. 116
Projektstruktur................................. 115

Q

Qualifikation...................................... 34

R

Regeneration 86
Reklamationsmöglichkeiten................ 58
Reklamationsrechte 32
Rufbereitschaft 96

S

Sanitärhandwerk 99
Schattenrechnung............................ 117
Selbstbewertung 54
SMART-Prinzip 63
Sonntagsarbeit 84
Spielregeln.. 58
Spotboni 56, 85, 110
Stellenanalyse und -bewertung........... 46
Stellenanzeigen............................... 134
Stellenbeschreibung.......................... 44
Steuerungsinstrument........................ 61
Stille Reserve 132
Summarische Arbeitsbewertung.......... 41
Systematische Leistungsbewertung..... 49

T

Team 23
Teambewertung 54
Team-Leistungsentgelt 50
Teamvergütung 33
Teilautonome Gruppenarbeit 18
Teilzeit 91
Teilzeitmitarbeiter.............................. 27
Telearbeitsplatz 86
Topfmodell 60
Transparenter Prozess...................... 118

U

Übergangsregelungen 118
Unfallfreies Fahren 97
Unternehmenskultur 31
Unternehmensleitbild 124
Unternehmenswerte......................... 128
Urlaubs- und Weihnachtsgeld 80
Urlaubszuschuss 87

V

Vereinbarkeit von Beruf und Familie..... 26
Vergütungsgruppe 47
Verpflegungszuschuss 82
Vertrauensbildung........................... 118

W

Warengutscheine 81
Werte.. 33
Wertewandel 13
Wertschätzung................................... 24
Win-win-Prinzip 72
Work Life Balance 85

Z

Zeitkonto 95
Zeit oder Geld 85, 111
Zeitplanung... 117
Zielarten 62
Zielbonus 68
Zielrevision 69
Zielvereinbarungen............................. 60
Zielvereinbarungsgespräche 68
Zusatzleistungen 77
Zusatzstufe 48
Zuschläge 84